だいわ文庫

精神科医が教える

# 50歳からの人生を楽しむ老後術

保坂 隆＝編著



大和書房

# まえがき——老後は人生でいちばん輝くとき

七〇歳を迎えたとき、「いまが、これまでの人生で最高のときです」と言い放った人がいる。第三九代アメリカ大統領のジミー・カーターがその人だ。

大統領だったころよりもさらによい人生を送れる……。老後は本来、そうした時期のはずだ。実際、カーターは大統領をやめた後、戦争捕虜の釈放を実現するなど世界平和のための活動を展開し、ノーベル平和賞まで受賞している。

人生はますます長くなり、人生八〇年時代から九〇年時代に向かっている。豊かな食生活を楽しみ、医療水準も高い日本では六〇代、七〇代はまだ元気いっぱい。いまや、**老後は「人生のおまけ」でも「余白」でもなく、人生でもっとも楽しく生きられ、貴重な価値を発揮する、大切な時期の一つ**になっている。

ところがいまも、「老いの日」をさびしく、心細いものと決めつけ、老後に不安や恐れを抱いている人が少なくないのはなぜだろう。

精神科の窓口には、生きる目的を見失い、うつに陥ったり、パチンコ依存症やゲーム依存症など、老後のわびしさから心を病んでしまった患者さんや、その予備軍が次々訪れる。

老後を積極的に楽しんでいる人がいれば、退屈したり、うつうつと過ごしている人がいる。格差社会は老後の生き方にもおよんでいるようで、楽しい老後とわびしい老後の差はますます開いていくようだ。

その二つを分けるのは、生活条件や環境よりも、考え方、モノのとらえ方など、心の生活習慣の違いだと私は考えている。

家族のあり方、関わり方が大きく変わりつつあるこれからは、夫婦二人の暮らしやひとり老後がごく当たり前のスタイルになっていくだろう。そうしたなかで生き生きと楽しく老後を生きるためには、年齢を重ねてもひとりの人間としての自覚を失わず、自分をよくコントロールし、毎日を大切に生きるという心意気が必要になる。

そして、それ以上に必要なのは、**毎日を目いっぱい楽しんで生きようとする明るい姿勢**だ。私は、多少ノーテンキなくらいで、ちょうどいいとさえ思っている。

そんな姿勢を身につけるためには、五〇代に入ったころから、そろそろ老いの日々に向けた精神的なシフトチェンジを図る必要がある。五〇歳ごろは、大人として生きてきた人生の折り返し地点だ。このころから、将来の持ち時間はまだまだ潤沢にあるという思いよりも、むしろ、残された時間、特に元気で過ごせる時間がどのくらいあるのだろうかと気にかかるようになる。

まだ若いつもりでも、老いは忍者のように足音もなく、確実に迫ってくる。だが毎日の習慣は、定年を迎えたり、孫が生まれるなど、老後を意識するようになってから急に変えようとしても、そう簡単に切り替えることはできないものである。

いわゆるメタボ健診、高齢期の健康保持のための生活習慣病健診を四〇代から始めるのと同じように、**後半生に向けた心のシフトチェンジも五〇代ごろから始めなければ、本格的な老後までに身につけることは難しい。**

本書を『50歳からの人生を楽しむ老後術』としたのはそのためだ。もちろん、五〇歳はあくまでも目安。ふとした瞬間に、「いつまでも若いわけではないのだな」と思うことがあったら、視野の先に「老い」がちらついてきた証拠と考えてみよう。

そのころから少しずつ、意識の底に「老い」をしのばせた生き方、考え方を身につけるようにしていけばいい。そうすれば、本格的な老後を迎えたとき、戸惑ったり、むなしさを感じることがなくなるはずだ。

そのための発想の切り替え方や生活習慣のつけ方を、できるだけ具体的に紹介していきたい。もちろん、それらはすでに老後に入った人、老後まっただ中の人にも役に立ち、すぐにでも採り入れることができる情報や発想のヒントになると思う。

大人の人生の半分を占める〝老いの日〟を生き生きと楽しみ、まだこの先、長く続いていく人生をすばらしいものにするために、それらを一つでも二つでも実行し、自分のものにしていただけたら、著者として、これ以上の喜びはない。

保坂　隆

# 目次

精神科医が教える
50歳からの人生を楽しむ老後術



## 第1章

## いくつになっても若さを感じる
## 「老いを思いきり楽しむ」心得

第2章

# 人生がますます充実する
# 「仕事・資格・趣味」を持つ

## 第3章

# 疲れない人間関係をつくる「人づき合い」のちょっとしたコツ

第4章

# いらないものは一気に捨てる！
# 心が乱れない「暮らし方」を知る

第5章

# 健康になる「食べ方」「体の動かし方」の秘訣

いつまでも元気な体をつくる！

第6章

誰でも今からできる!

# もう「悩まない、怒らない」方法

# 第 1 章

## いくつになっても若さを感じる
## 「老いを思いきり楽しむ」心得

## 「老後の入り口」で、これまでの生き方を見直す

五〇代に足を踏み入れるころになると、白髪を染め始めたり、老眼鏡がほしくなるなど、自分ではいつまでも若いつもりでも、老いの影がちらついてきたことを認めざるを得なくなる。

また、子どもが独立したり、直属の上司が定年を迎えるシーンに出会ったりすると、「老後の暮らし」へのシフトチェンジがひたひたと近づいてきていると実感するようになる。近所の奥さん仲間との茶飲み話や、仕事仲間とも、「定年を迎えたら」とか「老後になったら」というような話がかなりのリアリティをともなって交わされたりするのもこのころからだ。

そんなとき、大勢《たいせい》を占めるのは、「老後はのんびり暮らしたい」とか「定年後は好きなことだけして、気楽に暮らすつもりだよ」という意見ではないか。

だが、ただのんびりと暮らすには、老後はあまりにも長い。二〇代で働き始めたと

して、五〇歳までほぼ三〇年。人生八〇年と考えると、**老後には、大人になってからのこれまでの人生とほぼ同じ長さの時間がある。**

だが、後半生は、坂道を登る一方だったこれまでの半生とは見えてくる景色が違う。ゆるやかながら坂道は下って、その先には「老い」が待ち受けているからだ。

折り返し点に立ったいま、それを意識し始め、生き方の質を転換する必要がある。

最近は健康意識も高まり、心身ともに元気で若々しい高齢者が増えている。元気で時間もたっぷり。精神的にも余裕が生まれ、年金で暮らしていかれるならば経済的にも大きな不安はない。子どもを育てあげなければなどと背負ってきたものも軽くなり、五〇歳ごろからの日々は、見方によれば、人生で初めて訪れた、自由に自分らしく楽しむだけ楽しんでいい時期だと言える。

**「はげ頭の向こうには、若者が想像しているよりも、多くの至福がある」**

アメリカの随筆家、ローガン・バーサル・スミスもこう言っている。

若者を見て、「うらやましいなあ」と思ったことはないだろうか。だが、これからは、若いときには夢でしかなかった、自由で、楽しい人生が始まるのだ。

身辺を見回しても、現役を退いてから、若いとき以上に自由に伸びやかに、新たな日々を生きている人がなんと多いことだろう。

今度は若者たちから、大いにうらやましがられる日々を送っていこう。

だが、そうした生き生きとした老後を実現するには、五〇歳ごろから、つまり、人生の折り返し地点を回ったころから、だんだんに価値観を切り替えていく必要がある。同時に、自分らしい老後の生き方のイメージングを始め、その方向に向かって助走し始めることも必要だ。

何ごとも準備なしによい結果は期待できない。**なんの準備もなく、漫然と老後に突入すれば、間違いなく「わびしい老後」になってしまう。**

## 日本人のDNAに刻まれている「老いを楽しむ」精神

私の勤務地は銀座に近い。最近の銀座は外国人観光客で大いに賑わっているが、同じ外国人観光客でも中国人と欧米人では雰囲気がかなり違う。中国人は比較的若い世代が多く、ショッピングに目の色を変えているが、欧米人はどちらかというと少し年配の夫婦連れが多く、銀座の街を行き来しては、銀ブラを心からエンジョイしているようなのだ。

「ハッピーリタイアメント」という言葉もあるように、欧米、特にアメリカ人は、リタイア後は人生を目いっぱい楽しもうという思いを温めながら、その夢に向かって働いているようだ。

私も、アメリカ留学中に年配の人々との交流もあったが、老後が不安だとか老後はさびしいなどというような、ネガティブな言葉を聞いた記憶はない。もともと明るく楽天的な国民性もあるのだろうが、彼らにとって、老後は人生の楽しみが凝縮した時期で、ひたすら待ち遠しいというイメージが強いのだろう。

一方、日本では、「老後」という言葉には不安や心細さ、あるいはさびしさ、わびしさなどがついてまわる。ややもするとネガティブで、厭世《えんせい》的な考え方が勝るのは日本人の性格と考えがちだが、実はそれは思い違い。日本でも少し前までは大いに老いの日を楽しみに生きていたようだ。

井原西鶴は『日本永代蔵』(一六八八・元禄元年刊行)で、江戸の町人の暮らしを生き生きと描いて今日に伝えている。

たとえば、「人は十三才迄は、わきまへなく、それより廿四五までは、親のさしつをうけ、其後は我と世をかせぎ、四十五迄に、一生の家をかため、遊樂する事に極《きは》まれり」とある。

さらに「若時、心をくだき、身を働き、老《をひ》の樂《たのし》み、はやく知《しる》べし」ともあり、**人生の幸福は老いの日に遊楽することに尽き、そのために若いときに粉骨砕身して働くべし**、と考えられていたことがわかる。

蕪村の句に「年守《も》る夜　老いはたうとく見られたり」がある。

老人の持つ経験や知恵は、社会でも家のなかでも尊重されていた。そのうえ、好きなことに心遊ばせる日々を悠々と送れるのだ。老後が楽しみなわけである。

ちなみに、江戸時代には「老後」という言葉はあまり使われていない。家業を息子に譲り、老後に入る日は「**老入《おい》れ**」といった。

老後というと人生の残りという感じがあるが、「老入れ」といえば、「老い」という新しい人生のステージに入っていく、前向きで積極的な姿勢が感じられる。ハッピーリタイアメントのDNAは、日本人のなかにもちゃんと刻まれているはずなのである。

## 楽しくなければ、生きている意味がない

江戸では老後をどれほど楽しんでいたかという話をもう一つ、ご紹介したい。

貝原益軒は、健康書のはしりの『養生訓』で知られるが、実は『養生訓』を発表する前に『楽訓《らくくん》』という本を書いている。

ちなみに、益軒が本格的に著述業を始めたのは七〇歳で退職した後のことだ。七一歳から八五歳で没するまでに三〇冊近い著作を残し、その多くはベストセラーになっている。『楽訓』を書いたのは八一歳、八巻におよぶ大作『養生訓』は八四歳のときの作である。

『養生訓』が有名過ぎるからか、どうも益軒は、健康長寿のためにあれをしなければいけない、これを守らなければいけないということを書いた人という印象があり、ウザイ人というイメージさえある。

ところが、実際は、益軒は「楽しくなければ生きている意味がない」と主張してい

る。どうやら、徹底的なエピキュリアン（快楽主義者）だったようなのだ。

『楽訓』では全三巻にわたり、人生を楽しむ意義と、楽しむ方法が述べられている。「人の心のうちにもとより此れ楽《たのしみ》あり」と言っており、「楽は是、人の生まれつきたる天地の生理なり。楽しまずして天地の道理にそむくべからず」と、人はこの世に楽しむために生まれてきたのだ。楽しまないことはこの世の道理にそむくとまで言い切っているから、痛快だ。

益軒の言う楽とは、「つねに我が心の内に、天機《てんき》の生きてやはらぎ喜べる勢いの止まらざるものあり。これを名づけて楽と云ふ」とあるように、生きていることを心穏やかに喜べる、そうした境地を指している。

こうした境地は、老後にこそ、到達できるものだろう。端的にいえば、老後は、**心のなかに楽しさを満たして生きる**、そんな時期だということだ。

ちなみに益軒は、妻の東軒と共通の趣味を楽しみ、還暦の席では益軒が琵琶、東軒は琴で合奏し、客人に披露したというから、おしゃれではないか。益軒の原稿を妻が清書したり、二人で各地の温泉を旅したり、まさに老後はこうありたいの理想を実現していたのである。

せっかくの長い人生だ。益軒のような楽しみ上手になり、長寿バンザイといこうではないか。

## 不安の「実態」をちゃんと見つめる

「老後について心配なこと、不安なことは何ですか？」と調査をすると、ほとんど例外なく、第一に挙がるのが「自分の健康」についてである。それから、家族の健康、お金……となる。年金問題や将来の医療費負担、介護の負担を背負いきれるかどうかということが老後のイメージに大きく影を落としているのがわかる。

だが、こうして不安の正体がわかっているならば、それぞれについて、できるだけの対策を講じればいいだけの話ではないか。

**「不安だ、心配だ」と言っている人は、実は、不安に思ったり、心配しているだけで、実際に行動を起こしていない**ことが多い。健康が心配ならば、メタボ健診などを機会に自分の健康状態をチェックし、問題点があるなら解決に向けて行動すればいい。

高血圧や糖尿病など、高齢期になりやすい病気は生活習慣病と呼ばれるように、長年の生活習慣が大きな原因になっている。適正な食習慣や生活に運動を採り入れる習慣づくりを始め、太り過ぎないように気をつけるなど、実際に行動していれば、健康への不安はかなり解消されるはずだ。

五〇代ごろから、つまり、老いの兆しが感じられるようになったら、年に一回は人間ドックや総合的な健康診断をきちんと受けるようにする。そして問題点を指摘されたら、必要な処置や努力をちゃんとすればそれでいい。

家族の健康についても同様だ。家族が大きな病気にかかると、生活はたちまち脅かされる。日ごろから家族で健康的な生活習慣を共有すれば、それがいちばんだ。

お金についても、「できるだけ備えをしておく」こと。これ以外の策はない。つまり、これが最上の策ということだ。

健診を受けて、健康的な生活をしていても、一〇〇%老後も健康が保証されるとは言えないし、お金の問題も、努力さえすれば、誰でも十分に備えることができるかといえば、イエスとは答えづらい。

でも、「できるだけのことはやっている」という思いがあれば、少なくとも、不安や心配で心が揺れることはかなり抑えられる。

「できるだけのことをしている。あとは天任せ」と、いい意味で開き直ってしまう。これもあんがい、大事な生き方の知恵の一つだと思う。

## 「のんびりしたい」に潜む危険なワナ

これも、インターネットによる調査（インターネットサイト「OCN大人の趣味生活」）だが、五〇歳以上を対象に「老後にどのようなイメージを持っているか」と聞いたところ、いちばん多かった回答は「のんびり」しているというもの。

だが、実際に身近な人にそれとなく聞いてみると、「老後も仕事をしていたい」とか「何か趣味を楽しみたい」、あるいは漠然と、「何か生きがいを感じることをして過ごしたい」という声もかなり多い。

その気持ちはわからないではないのだが、いずれの場合も漠然とそう思っているまで老後に突入してしまうのは、けっこう危険を含んでいる。

「のんびり」とか「何か趣味を楽しみたい」という老後イメージは、自分ではそれなりに考えているつもりなのだろうが、曖昧過ぎて、実際は、老後についてちゃんと考えているとは言えないからだ。

もちろん、五〇歳前後の、まだ老後まで少し時間があると思っている場合と、六五歳前後になり、老後が目前に迫っている場合とでは、切実度も違ってくるだろう。だが、人生は一筋の川のように流れていくもので、漠然とした思いのまま老後に向かっていると、気がついたときには老後という大海に押し出されてしまっているのである。そして、**あてもなく漂流するようになってしまう**。

アラフォーならぬアラフィフ（五〇歳前後）になったら、「のんびり」とか「何か生きがいを持ちたい」というような漠然とした老後イメージから一歩前進し、もう少し、具体的な老後イメージを描き始めるべきだろう。

## 「Kill time」は「Kill myself」

ワークライフバランスという言葉とは縁遠く、仕事、仕事で生きてきた現在の中高年層は定年を迎え、仕事をしなくてもいい暮らしに大きな期待を持っている。

だが、ないものねだりという言葉もある。「遊んで暮らす」ことがうらやましく思えるのは、いまは仕事や家事など、ちゃんとなすべきことがあるからなのだ。

実際にそうなってみると、**「のんびり暮らす」とか「遊んで過ごす」というのは、あんがい楽しくない**。それどころか、苦痛に感じるほどだ。

たとえば、リフレッシュ休暇などで長期の休暇を取ったときのことを思い出してみよう。そんなときでさえ、のんびり過ごしていて、「ああ、極楽、極楽」と思えるのは初めの数日だけ。たまった疲れがとれるとともに心地よさは色あせて、そのうち、退屈でどうしようもなくなり、仕事や部下のことなどをしきりに思い出したりしたのではなかったか。

「ママだって休みがほしいわ」と言って家事を家族に任せて旅行に出かけた。ところが、出先では、留守中の家族のことが気にかかり、「大丈夫？　今日は何を食べたの？」などと電話を入れたことがある、という人も少なくないと思う。

老後は、これと同じような日々がえんえんと続くのである。

人にもよるだろうが、連休をダラダラ過ごしてしまうと、「我ながら、だらしがないなあ」とうっすらと自己嫌悪に襲われることがある。老後は、長年続けてきた仕事も終わってしまったのだから、そのむなしさも追い打ちをかけてくるだろう。

人間はいくつになっても、目的を持ち、意志的に生きることを心地よいと感じる生き物なのだとしみじみと思う。これといって何もすることがないことは、現役時代に想像する、「楽園のような毎日」とは少し違うような気がする。退職後、することもないままに毎日過ごしているうちに次第に気力を失い、気がついたら、うつ状態になってしまっていたという人も少なくない。

**「のんびり」だけでは、気力を持ったり、張りが持てない**のである。

ぼんやりとただ時間をつぶして過ごすことを、英語で「Kill time」という。この言葉は実に言い得て妙だ。「Kill time」をしているうちに、ダメになってしまうのは、実は自分自身なのである。「Kill myself」にならないように肝に銘じておこう。

## 当たり前のことを「面白がる」クセをつける

「Kill time」から「Kill myself」にならないようにする方策の一つは、なんでもないようなこと、毎日、当たり前に過ぎていくことにちょっと足を止め、面白がることだ。

子どものころは毎日のように、ワクワクドキドキするような面白いことに出会ったではないか。その正体は、飛行機雲を見つけたり、一輪車に乗れるようになったり、たわいないことだったものだ。

やがて、受験勉強に追われるようになり、仕事をするようになってからは、常に競争に勝てとお尻を叩かれ続けてきた。ワクワクドキドキする気持ちはいつの間にか萎えてしまい、いまでは何を見ても気持ちが沸き立つことがなくなってしまった。そんな心のクセがすっかりしみつき、最近では、何を見ても大して面白いと感じない。めったなことでは感激しなくなってしまった。

そんな兆しがあるとしたら、急いで心のメンテナンスを始めよう。

すべてのことには、プラス面とマイナス面が共存している。「老い」も同じである。「老い」ていくにつれて深まっていくものがある半面、「老い」とともに衰えていくものも当然ある。**加齢とともに衰えていくことの一つが心の柔軟性や可塑性**だ。

「面白きこともなき世を面白く　住みこなすものは心なりけり」

幕末の志士・高杉晋作が残した言葉だ。「面白きこともなき世を面白く住みこなす」という、しなやかで洒脱なモノのとらえ方は、年をとってから急に身につけようとしても難しい。

だが、老いが視界に入ってきた五〇代なら、まだ、かなりの柔軟性は残っている。ギリギリセーフで間に合うはずだ。いまから、なんでもないことを面白がる練習を始めておこう。

テレビなどで言葉のクイズが人気だが、自分でそれをやってみるのもいい。こうした言葉遊びは面白いだけでなく、遊んでいるうちに、モノを見る目に面白い視点が備わってくる。そのうえ、けっこう笑って楽しめる。脳トレにもなりそうだ。

## ユーモアのセンスを磨く

老後が近づいてきたら、「ユーモアのセンス」をぜひ身につけておきたい。

ユーモアは心のゆとりと知性が生み出すものだ。その二つがないと、ユーモアのある発言もできなければ、それを聞いても理解できない。

私も患者さんと接するとき、あえて冗談を言うことがある。少しでも笑ってくれれば、患者さんの精神状態はそうシリアスな段階までいっていない。だが、**冗談を聞いてもクスリともしないようなら、問題がある**ことが多い。そんな目安になるからだ。

ユーモアのセンスは生来のものだと決めつけてはいけない。ものごとをどうとらえ、どう表現するかは、日ごろの心構え次第で、かなり変わってくるものなのだ。

トマス・モアという人がいる。「キリスト教の考え方に基づいた理想郷」として『ユートピア』という物語を書いた人だ。彼はヘンリー八世の無謀な政治に反対したため、一五三五年、断頭台で処刑された。このとき、ナタを振り上げた処刑人に向かって、

「私の首は短いから、よく狙いをつけて振り下ろすんだよ。あんたの腕の見せどころだな」と言ったという。

彼は日ごろから、「主よ、私にユーモアのセンスと冗談を解する恵みをお与えください」と神に祈っていたそうだ。ユーモアとは、これほど大きな意味を持っているものなのである。

「昼食は　妻がセレブで　おれセルフ」

「課長いる　返った答えは　いりません」

こうしたサラリーマン川柳は、真正面からとらえると腹が立ったり、憂うつに思えることを斜に構え、クスリとした笑いに転化してしまっている。通勤の行き帰りなどに川柳をひねったり、謎解きに挑戦し、ユーモアのセンスに磨きをかけるようにしよう。

## 「生きがい、生きがい」と肩肘張らない

「うちの父は七〇代に入って数年経つんだが、元気いっぱい。地元の史跡ガイドのボ

ランティアをしていて、観光客相手に忙しい毎日を送っているようだ。最近は中国からの観光客も増えてきたので、中国語の勉強も始めていると張り切っているよ」

「私の母は私が出た大学に入学して、心理学の勉強をしているんです。カウンセラーの資格を取るんだと張り切っていて、こっちのほうがあおられちゃうくらい……」

若い同僚が親について話しているのが耳に入ったりすると、最近は、生きがいに燃えている高齢者が増えているようだと感心する。テレビや雑誌なども、こうした〝立派な生きがい〟を持っている高齢者を盛んに取り上げる。

生きがいを見出し、充実した老後を過ごしている人の話には頭が下がる。

だが、その一方で、**老後は何か勉強をするとか、ボランティア活動などをしなければいけないと思い込み、自分を追い込んでしまう人も増えている。**

そもそも、生きがいとはなんだろうか。広辞苑を引くと、「生きるはりあい」「生きてい

てよかったと思えるようなこと」とある。自分がそれをしていれば張り合いが持てるならば、なんでもいい、それが「生きがい」なのである。

家のなかをきちんと整え、ときに、夫と自分のために手の込んだ料理をつくる。独立した子どもが孫を連れて遊びにくれば、無邪気な孫とのひとときに心満たされる。こうした毎日で自分が満足していれば、それでちゃんと生きがいを持っていると言っていいのである。

**みなが「立派ねえ」と目を見張るようなことをしていなければ、生きがいを持っているとは言えないというのは、根本的に誤った思い込みだろう。**そんな思い込みにとらわれ、肩肘張っていると、老後が重たくて仕方がなくなる。精神的にもいいことは一つもない。

## 「生きがい症候群」という心の病気

そのあげく、老後の生きがい探しをしているうちに、「定年で会社を辞めてそろそろ一年も経つのに、生きがいを見つけられなくて不安でたまらない」「何かしなければと思うのだが、何も見つけられない。そんな自分が情けない」「自分はダメな人間だ」と、どんどん自分を追い込んで、精神のバランスを崩してしまう人も現れる。

こういう人に共通して見られるのは、「生きがい」とは、大学に通うとか、社会的に意義のあるボランティア活動をするなど、誰が見ても立派だと感心するようなものでなければならないと思い込んでいることである。

老後は新しい目標を持ち、充実して生きていかなければならない。そんな思い込みが強過ぎるのである。

そのうちに、**うつに陥ったり、パチンコやマージャン、ゲームにのめり込んでいってしまう**ことも珍しくない。近年、高齢者の間にうつやパチンコ依存症、アルコール依存症などが急増し、社会問題となっているくらいなのである。

最近の報道によれば、六十五歳以上の高齢者の万引きが二〇年連続で増加しているそうだ。万引きをしてしまう理由は、経済的な理由だけでなく、孤独感や所在感のなさからだというから、胸が詰まる。

私は、こうした精神の不安定さの原因の一つは「生きがい症候群」とでもいうべきものだと考えている。

知り合いが大学に通っていると聞けば、自分もそうしなければならないのではないかと思う。他の知り合いが地域活動の世話役をかって出ているのを見ると、自分も地域の活動に関わらなければならないと考え、あるいは、地域活動に関わりたいのだが、そのきっかけがつくれないと焦ってしまう。

こんなふうに、**他の人がどうしているかということばかりにとらわれ、だが自分はといえば、何を、どうしていいのかわからない**。こんな状態が続くと、とどのつまりは、自分を激しく否定するようになる。

このような自己否定は、うつなどの第一歩なのである。

## 「ささやかな喜び」を大切にする

「生きがい」は自分が決めるもの。他の人の生きがいを真似る必要はない。

参考までに、一般的に、どんなことを「老後の生きがい」と感じているかをご紹介しよう。

厚生労働省の調査によると、（『高齢期における社会保障に関する意識等調査』平成一八年・複数回答）、「老後の生きがい」は男性では、①教養・趣味を高めること（四四・五％）、②家族との団らん（三九・七％）、③子どもや孫の成長（三七・六％）。女性では、①子どもや孫の成長（四五・三％）、②教養・趣味を高めること（四四・二％）、③家族との団らん（四三・八％）。

この後に、女性では僅差で「友人や地域の人との交流」（四二・四％）が続く。男性も「友人や地域の人との交流」（三〇・一％）が続くが、「働くこと」（二六・六％）という回答も多く、仕事を求める気持ちが強いことが窺《うかが》われる。

新たに何かを学んだり、社会貢献を始めるなど、立派な生きがいを追いかけている人はたしかにすばらしい。だが、**「家族との団らん」や「子どもや孫の成長」など、平凡で、すでに手の内にあることも立派に老後を支える生きがい**なのである。

誰もが彼もがエネルギッシュに、新たな生き方に挑戦しなければ、生きがいを持っているとは言えないと思い込む必要はまったくないことがわかるだろう。

## 毎日の晩酌でストレスをゼロにする

先輩に「毎日の晩酌が生きがいだ」という人がいる。

現役時代は「生涯を医療に捧げる」が口グセで、定年後は地方の在宅診療に力を入れたいと熱く語っていた。だが、奥さんに認知症の症状が現れ、子どもに負担はかけたくないと、その介護を引き受けるようになった。

現在も介護生活は続いているが、自分にも楽しみは必要だと考え、毎晩、奥さんが寝入ると、大好きな酒を飲むことに決めている。奥さんの介護と晩酌、これがいまの最大の生きがいになっているという。

自分の健康のため、そして奥さんが起き出せば夜中でも対応することがあるため、晩酌は二合までと決めている。酒豪の部類に入る人だったから、二合はかなり控えめな量だと思う。そのかわり、ちょっと贅沢な酒を選び、つまみも「お取り寄せ」を活用して、各地のうまいものを堪能しているそうだ。

手酌で飲むひとり酒だが、現役のころのような義理がらみのつき合い酒や、上司への不満をぶつけるヤケ酒とは違う。介護の合間とはいえ、心に屈託なく飲む酒は、「しみじみとうまい」と相好をくずしている。

長年、温めていた夢を断たれ、そのうえ介護の日々は気持ちの負担も小さくないだろう。だが、毎晩の酒を静かに楽しみ、気持ちの負担を上手に解消しているのである。酒を傾けながら、**「今日一日も無事に過ぎたなあ」と心から感謝する**のだそうだ。この感謝の思いが、ヘタをすれば、ヤケ酒になってもおかしくない介護の間の二合の酒を、「生きがい」と感じさせるのではないだろうか。

心の持ちよう一つで、どんな状況でも、どんなささやかなことでも「生きがい」にすることはできるという格好の例だと思う。

## とことん自分を好きになる

「結局、いちばんかわいいのは自分だ」というが、精神科を訪れる人はかなり激しい自己否定モードになっていることが多い。

私が子どものころには、「電信柱が高いのも、郵便ポストが赤いのも、みんなアンタが悪いから」という囃し言葉があり、悪ガキどもはそんなことを言い合って遊んだものだった。自己否定モードの人はまさしく、「電信柱が高いのも、郵便ポストが赤いのも、みんなワタシが悪いから」と思い込んでいるようなのだ。

精神科を訪れる患者さんに、「ご自分を好きですか？」と尋ねると、「とんでもない。私なんかルックスはよくないし、頭も悪い。いいところなんかないですから。好きになれるわけなんか、ないじゃないですか」という答えが返ってくる。

本気でこんなふうに思っているならば、誰だってたまらない。生きている気力も持てないだろう。だが、今日までなんとか生きてきたのだから、「ここはいいところだ」と自分を認める部分を持っているはずである。

人生五〇年も生きてくれれば、自分自身について、ちゃんとわかってきてもいる。高望みしても理想像に届かないことは、誰よりも自分がいちばんわかっているのではないか。だが、これから先も、その自分とつき合っていくほかはない。

だったら、自己否定に向かわず、あるがままの自分を好きだと言い切れるようになっておこう。仮に、ルックスも頭も悪く、いいところなどないとするなら、せめて自分だけは、そんな自分を好きでいてあげたい。

自分を好きになるコツは、**朝起きたときと夜寝る前に、盛大に自分をほめてあげることを日課にしてしまう**ことである。ひそかに、「ここはけっこういいと思っている」というところを大いに持ち上げ、ベタぼめするのだ。

我ながら美人だとは言えないなと思っていても、実は、色白の素肌には自信がある。だったら、毎朝、鏡に向かったとき、「色白できれいな肌だなあ。化粧品売り場の人にもいつもほめられるくらいだもの」と言ってみる。

自分でも、デキル！とは思っていないが、最後まであきらめない根性はなかなかのものじゃないか、と自信を持っている。ならば、「今日もがんばったな。自分でも誇りに思うよ」と自分に向かって言えばいい。

ただ心のなかでつぶやくのではなく、声に出してみよう。言葉には気持ちを動かす力があるが、同じ言葉でも耳から聞こえてくると、その力がいっそう強く心に響くからだ。

自分ほめの習慣が身につくと、次第に自分という人間全体が好きになっていく。自分を好きになるにつれて、自分を受け入れられるようになっていく。

ありのままの自分を受け入れられると、この先、**老いの坂を徐々に降りていく自分も穏やかに受け入れられるようになっていく**ものなのだ。

自分が大好きだと言い切れる。そんな自分になっていると、その先には、残照に照らし出されたような、静かな幸福感に満ちた老後が待っているはずである。

## 「一日一発見」が老化を止める

ふだんの暮らしには、もともと、そう大きな変化は起こらないものだ。それでも仕事をしていればいつも追われるように忙しいし、子育て中ならば、子どもの年齢に応じて考えてもみなかったことが次々起こり、呆れたり、叱ったり。平穏無事とはいえ、毎日それなりの起伏がある。

だが、老後はそうしたこともほとんどなくなり、穏やかといえば穏やか。変化に乏しく、退屈しがちなものかもしれない。**退屈すると心の動きは緩慢になり、次第に抑**

**揚がなくなっていく。**これが過ぎると、気がつくとぼんやりと、うつに近い状態になってしまうこともマレではない。

平凡な日々であっても退屈しないで毎日を過ごす。五〇歳ぐらいから、そうしたトレーニングも始めておきたい。

トレーニングといっても、大げさなことではない。「一日一発見」しようと決める、それだけでいい。発見＝「新しいことやものとの出会い」である。

いくつになっても、新たな出会いはドキドキ心を刺激する。そのドキドキ感、ワクワク感が気持ちを活性化し、うつなどがつけ込むスキをなくしてくれる。

「そんなことを言われても、毎日、同じような行動の繰り返しなのだ、新しい発見なんかあるわけはない」と決めつけている人もいるだろう。だが、そんななかで一日一つの新しい発見をするからこそ、意味があると言えるのだ。

たとえば、コンビニで新しいスイーツを見つけたら、さっそく味わってみる。これで一発見。書店でふだん手にとったことのない雑誌を立ち読みしてみる。これも一発見だ。若い女性でいっぱいのネイルサロンに入ってみて、思いきってラメをあしらったネイルアートをしてもらう。**「いい年をして」なんて、自分にカセをはめてしまわ**

**ない**ことだ。キラキラ輝く指先、これも新発見だろう。

こんなふうに一日一発見する習慣を重ねていけば、さらに年をとっても、感受性が鈍ったり、気力が衰えてしまう前にブレーキをかけられる。

新しい発見を心がけていると、たとえばネイルサロンに行ってみるとか、これまで体験のないことにも積極的にチャレンジするようになる。

一日一発見を習慣づけることは、結果的に自分の領域を広げ、老後の可能性を広げることにもつながっていくのである。その分、人生がどんどん面白くなっていき、楽しいことが次々起こるようになっていくものだ。

## 日記をつけると「時間の質」が変わる

ついこの間、正月を迎えたばかりだと思っていたのに、もう桜の便りが聞こえてくる季節になっているのに気づいて、愕然としたことはないだろうか。

**時間の流れが速過ぎると感じることも、心を落ち込ませる原因になる**ことがある。

「取り立てて何もしないのに、あっという間に月日が過ぎていってしまう。なんだか、時間に置いていかれてしまっているようだ」と嘆く人もいるくらいだ。

「若いころは一日は短く、一年は長い。年をとると一年は短く、一日は長い」

イギリスの哲学者フランシス・ベーコンはこんな言葉を残している。中世においても、若いころと年をとってからの時間の流れは大きく違っていたのである。

この現象に法則性を見出したのが、同じく、フランスの哲学者ポール・ジャネだ。ジャネによれば、「一〇歳の子どもにとっての一年はその人生の一〇分の一、五〇歳の人の一年はその人生の五〇分の一。同じ一年でも、そのウエイトは五分の一」になる。

それゆえ、年齢が高くなるほど、一年が短く感じられるようになるというわけだ。

**月日の流れが加速する現象を多少なりとも食い止めたいならば、一日一日の密度を高めるこ**

とが必要だ。

日記を書くことは、そのための一つの方法である。私は、「毎日、取り立ててこれということもなく、手ごたえが感じられない」「無力感にかられてならない」という人には、よく、「日記をつけてみませんか」とすすめている。

といっても、大いに張り切り立派な日記帳を買うと、かえってプレッシャーになりかねない。もらいものの手帳や一〇〇円ショップのメモ帳などで十分だ。もちろん、書くことが好きならば、大学ノートなどに気がすむまで書いてもいい。

夜、寝る前にノートを取り出し、一日を振り返る。すると、**「取り立ててこれということもない」ような日など、一日もないことに気づく**はずだ。毎日、それなりにハプニングがあり、人やものとの出会いもある。

「病気だと聞いていたYと久しぶりに電話で話す。体調はだいぶいいそうだ。学生時代、あんなにタフマンだったのだから、病気の回復もきっと早いだろう」とか、「一日、読書で終わる。今年いちばんのベストセラーと評判の本だけに、夢中になって読んでしまった」「内閣改造が行なわれる。少しは景気が上向くといいのだが」など。書くことが何もない日などないのである。

簡単なメモ程度でいい。日記をつける習慣は、確実に時間の流れの質を変え、一日一日を中身のある時間に変化させてくれる。

## 毎日がいいことだらけになる「魔法の日記」

日記をつける習慣を生かして、毎日をいいことばかり、楽しいことばかりにしてしまう方法もある。

正直にいえば、高齢者を取り巻く事情はけっしてハッピーなことばかりではない。五〇歳を過ぎるころになると記憶力が衰え始め、よく知っているはずの人の名前がどうしても思い出せなかったりする。体力の低下も目に見えてきて、若いころは楽にできたことが、けっこうきつくなってくる。

おまけに、家庭内の風景も大きく変わっている。目のなかに入れても痛くなかったはずのかわいい子どもが、いつの間にか大人になっていて、親の出番はなくなっている。あるいは、親の介護に追われ、気がつくと大きなため息をついていたりする。

だが、だてに年をとってきたわけではない。高齢者には、これまで生きてきた知恵がたっぷり蓄えられているではないか。

その知恵の一つが、閉塞感にとらわれているように見える日々を、いいことばかりに変えてしまう、魔法の日記術である。とにかく、**日記の初めの一行に、「今日もいい一日だった」と書いてしまう**のだ。つらいことがあっても、何ごともなかった日でも、もちろん、すごくいいことがあった日にも、何も考えずに、まず最初に「今日もいい一日だった」と書いてしまえばいいのである。

人は暗示に弱い動物だ。「今日もいい一日だった」と書き出すと、その日には、本当にいいことが起こったと感じられるようになってしまうから、面白い。

「就活中の息子と話し合う。厳しい状況はわかるが、手当たりしだい受けているようで、いったいどんな仕事をしたいのかが伝わってこない。しまいには言い合いになってしまった……」というような日も、「今日もいい一日だった」と書き出せば、「子どもと本音でぶつかりあえた。息子なりにがんばっているんだな。ずいぶん、成長したものだ」と思えてくる。

特別に何ということもない平凡な一日だった。こんなときも、「今日もいい一日だった」と書けば、平穏無事に暮らせることがどんなにありがたいか、それに気づくきっかけになるだろう。

こうして、**「今日もいい一日だった」と書き続けているうちに、ものの見方が前向きに変わっていく。**気がつくと、変わりばえのないように見える日々に、それなりの手ごたえを感じるようになってきたりするはずだ。

## 若さに「しがみつかない」

最近は、実年齢を聞くと驚くような、若々しい人が増えてきた。〇・八がけ時代という言葉もあるそうで、戸籍年齢×〇・八が現代の高齢者の見た目や健康状態になるそうだ。

本人の自覚年齢はもっと若いことも多く、特に女性では、実年齢は七〇代でも、「自分は五〇代ぐらい」という自意識が強い人が少なくない。しかも、年齢が高くなっても、自覚年齢のほうはそれほど上がらず、実年齢と自覚年齢の差はどんどん開いていいく、というから脱帽する。

年齢に負けることなく、身も心も若々しいことは本当に喜ばしい。だが、**何ごとも度を越すと、どこかに歪《ひず》みが出てくる**ことも忘れてはいけない。若さにこだわり過ぎて、しがみついてはいないだろうか。

老いは自然現象だ。それなのに、いつまでも若々しくありたいと若さにしがみつくようになると、その気持ちが自分を追い詰め、次第に苦しくなる。その結果、周囲を困らせる問題行動を起こすのが実情である。

たとえば、モンスター老人はその典型だ。若者のちょっとしたはみ出し行動にカッとなって文句をつけたり、お店のささいなミスに真っ赤になって怒ったりする。こうした行動の底には、若者への嫉妬や、若い世代を見下す視線が潜んでいることも多い。

細いジーンズにスカジャン、メジャーリーグの野球帽。後ろから見ると、年齢がわからないようなヤングファッションに身を包んでいるお年寄りや、娘さんの洋服を借りてきたのではないかと思いたくなるような、年齢不詳のおしゃれを楽しむ高齢女性も少なくない。だが、客観的にいえば、**若づくりもほどほどにしないと、かえって老けて見える**という落とし穴があることを知っておいたほうがいい。

年寄りは年寄りらしくしていなさいと言うつもりはないが、年齢相応、もしくは年齢よりちょっと若めにまとめる程度がほどよく若々しく、好印象を与える。これは本当だ。

## アンチエイジングより「老い光り」

さらに心配なのは、若さへのこだわりがかえって強いストレスになってしまっている人を見かけることである。

アンチエイジングが大ブームだが、このブームの陰に、**アンチエイジング強迫症**とでも名づけたいような精神的なトラブルが多発しているのをご存じだろうか。ちょっと高めの化粧品を買ったりエステに通うぐらいなら、まだ軽症だ。

だが、どんなに高級な化粧品を使っても、老化を完全に食い止めることは不可能である。すると、今度は整形美容に走る。シワを取ったり、たるみを縫い込んだり、脂肪吸引で贅肉をそぎ取ったり。それでも、しばらくすると、老いは再び襲いかかってくる。するとまた整形する。こうしたイタチごっこを演じている様子を客観的に見れば、いささか精神のバランスが崩れていることに気づくはずだ。

**常に若く見られたいという気持ちが強いのは、老いを否定的にとらえている証拠**だと言えるだろう。

老いは、覆い隠さなければならないような醜いものではない。年齢を重ねなければ出せない味わいもあれば、蓄積された人生経験がなければ伝わってこない、深く迫ってくる力もある。

江戸時代には「死光《しにびかり》」という言葉があったそうだ。死に際が光るような生き方をした人を「死光」といったのである。現代ならば、老いて輝くような生き方、「老い光」する生き方が求められているのではないだろうか。

シワがあっても白髪でも、若々しい感性を持ち、生き生きとした表情や身のこなしをしているほうが、ずっと素敵に見えると思う。

せっかく熟成してきた老いなのに、未熟な若さで覆ってしまうなんてもったいない。老いをもっと肯定的にとらえる姿勢を持ちたいものだ。

## 「生きているだけで丸儲け」

大阪では、ことあるごとに、「生きているだけで丸儲け」と言うそうだ。特に、落ち込みそうになったり、心が折れそうになったときには、声高に「生きているだけで丸儲け」と言う。

元気で生きていれば、それ以上言うことはない。こうした考えを基本にすれば、老いへの不安も一掃されるだろう。

医者というのもつらい仕事で、毎日のようにたくさんの死に遭遇する。なかには、まだいとけない子どももいれば、花を咲かせないまま死んでいく若い命もある。そうした死を見つめた後は、生きていることだけで心の底から感謝の念が湧いてくる。

朝、目が覚める。今日も生きていることを、ありがたいと天に感謝する。一日が終われば、無事に今日一日を生きられたことを「丸儲け」とありがたく感謝する。

作家の渡辺淳一さんは、著書『幸せ上手』（講談社）で、「……お酒を飲んだり、食事をしたあと、トイレに立って小水をする。このとき、白い陶器に当る小水を見ながら、『幸せだなあ』と、秘かにつぶやくことがあります。そして、きちんと小水を出してくれた自分の腎臓や膀胱、さらには尿道に、『ありがとう』とささやきます」と書いている。

渡辺さんは作家になる前、医師として医療の現場に立っていた。だから、小水が出ることは「当たり前」ではなく、数えきれないほどの細胞が、定められた役目に沿って、懸命に働いた結果であることを熟知されているのである。

こうしたことにも幸せを感じることができる渡辺さんは、まことに「幸せ上手」だと感嘆させられた。

お小水が出ることさえも幸せに感じられる。こうして日常のなんでもないことにも幸せを感じられる人は、脳の働きがよくなることが証明されている。

感謝する。満足する。いい気分になる。**幸せだなあと感じると、幸福ホルモンと呼ばれるアナンダマイドというホルモンが盛んに分泌される**のである。

アナンダマイドは大脳の前頭葉を刺激し、その働きを最高レベルまで高める。前頭葉は脳のコントロールタワーとでもいうべき働きをしている部位だから、ここが活発に働き、指令を出すことによって、大脳新皮質がフル稼働を始める。その結果、思考能力が活性化し、創造力も高まるという。

前向きの精神状態は交感神経を刺激するから、やる気をうながすノルアドレナリンの分泌も盛んになる。**よい意味でのノーテンキは、ストレスのない幸せな日々に導くカギになる**のである。

「幸せ上手」は、老けにくいし、認知症にもなりにくいというわけだ。

人生は、幸せと不幸せが常に背中合わせになっている。一点の曇りもない幸せそのものの人生など、ありえないと断言できる。だが、「生きているだけで丸儲け」を人生哲学にしてしまえば、毎日が幸せ一〇〇%に感じられ、生き生きと生きていけるのではないだろうか。

# 第2章

## 人生がますます充実する
## 「仕事・資格・趣味」を持つ

## もう一つの人生を生きることができると考える

「年をとるということがすでに、新しい仕事につくことなのだ」。ゲーテはこんな言葉を残している。

ゲーテは八二年という長い人生を生きている。若いころは法律家として仕事をしたり、神秘科学や錬金術の研究に没頭するかたわら、詩や小説を書いていた。文学一本に人生を集約したのは、人生もかなり後半になってからだった。

現代でも事情は大して変わらない。会社や役所に勤めていれば、五〇代はまだ働き盛り。仕事は増える一方で、部下も育てなければならない。責任はどんどん重くなる。いつの間にか、組織にがっちり組み込まれ、本当にやりたかったことは置き去りにしたままだ。

残業帰りの電車のなかなどで、ふと、「オレの人生、このままでいいのかなあ」などという思いが突き上げてくることがある。

また、専業主婦として、あるいはパートをしながら、家事や育児一途に取り組んできたという女性ならば、五〇の声を聞くころには子どもはすっかり成長し、ひとりで歩き始めている。いつまでも親べったりの子どもでは困るのだが、それでもときどき、むなしさがこみ上げてくる。

こうした思いを抱えたままで老後に突入してしまうと、むなしさはいっそうエスカレートする。空の巣症候群に悩んだり、燃え尽き症候群になってしまったりする人も少なくない。老後うつは、そうしたむなしさに端を発しているケースが多いのである。

いままでの生き方に疑問を感じることがあったら、それをきっかけにして、老後は本当にやりたいことに取り組もうと考えてみよう。

**「もうトシだから、いまさら何か始めるなんてできっこない」と考えるのは間違い**だ。人生八〇年、いや、九〇年というスパンで見れば、五〇歳から先には、成人してからこれまで以上に長い時間がある。

ゲーテの先の言葉は、さらにこう続いている。

「すべての事情は変わっていく。われわれは活動することを全然やめるか、進んで自覚を持って、新しい役割を引き受けるか、どちらかを選ぶほかない」

この言葉を現代の老後の生き方にあてはめて大胆に訳せば、「老後はこれまでとは事情が変わっていく。何かすることをあきらめてしまうか、それとも、老後という新しい人生を自覚を持って生きていくか、そのどちらかを選ぶほかはない」と解釈できるだろう。

六〇歳で退職した男性が平均寿命（七九・五九歳）まで生きたとして、生活時間を除いた自由時間を一日一二時間として計算すると、**退職後の自由時間は約八万六〇〇〇時間になる**そうだ。週五日、一日八時間、三八年間働いた場合は七万九〇〇〇時間。定年後には、現役時代に働いた以上に長い時間があることになる。

老後とは、いかに大きな可能性を秘めた期間であるか、わかるだろう。もう老後だからとあきらめてしまうか、新しい人生を自覚を持って生きていくか。どちらを選ぶのも、もちろん自由だ。

そのどちらへ進んでいくかは、五〇歳前後に、自分のこれからに目をそらさず、真剣に考えてみるかどうかにかかっている。

## 老後に好きな花を咲かせた人たち

前章でも触れたように、江戸時代の人々は、老後を楽しみに生きていた。家業を譲り渡した後は好きなように生きていい、という発想が広く浸透していたのである。

「楽隠居」という言葉があるように、**家業を守る責任から解放された後に好きに暮らせるのは人生の黄金期**だった。夫が引退すれば、妻も、しゃもじを嫁に渡す。つまり、家のなかを取り仕切る権限も嫁に譲り、重荷から解放される。夫の老入れは妻にとっても黄金期だったのである。

だが、ただ遊び暮らすだけではつまらないと考えられていたようで、引退（老入れ）の後は、男も女も〝**ロクを磨く**〟ことに熱中したという。

ロクとは五感を超えた感。稽古ごとなどで感性を磨くだけでなく、豊富な人生経験をさらに成熟させて、若い人の知恵袋といった存在になることも含まれていた。こうした姿勢は現代でも大いに参考にできるのではないだろうか。

「好きに暮らす」「ロクを磨く」のなかには、好きな仕事をすることも含まれていた。江戸時代には、家業を継ぐのは宿命のようなものだったし、女性は、嫁ぎ先は親が決めるのが普通だった。好きなように生きる人生を選ぶのは難しかったのだ。

そうした生き方から解放されるのが「老入れ」後の人生だったのである。

退職後から「好きなこと」を始め、後世に残る偉業を成し遂げた人では、歩測による日本全図を完成した伊能忠敬が有名だ。忠敬が天文学の本格的な勉強を始めたのは五〇歳のとき。幼いときから天文学好きだったが、それまでは一七歳で養子に入った伊能家の酒造業の立て直しに取り組んでいたのである。

立て直しに成功し、養子としての責任を果たすと、四九歳で家業を長男に譲り、いよいよ第二の人生に踏み出す。忠敬が師と仰いだ高橋至時《よしとき》でさえ、最初は、忠敬の入門を年寄りの道楽だと思っていたそうだが、どうしてどうして。

忠敬は五五歳で日本全図の作製を目指して歩き出し、すべての測量を終えたのは七一歳のとき。**一五年ほどかけて歩いた距離は地球を一周する距離に相当する**というから、江戸版のアースウォーキングである。

貝原益軒がもの書き業をスタートさせたのは七〇歳からだったことは前章でも触れ

た。もうひとり、八〇歳から大ベストセラー『翁草』を書いた神沢杜口《かんざわとこう》も、四〇歳で与力の仕事を退職した後、もの書きに転じている。杜口のすごいところは、一巻四五〇ページ、全六巻から成る『翁草』の原稿を七八歳のとき火事で失ってしまうのだが、その後、三年間で、再び書き上げてしまったことだ。すさまじい気力と体力！「老いてますます盛んなり」を地で行ったわけである。

老後という新たな人生で、本当にしたかったことや前々から興味があったことに取り組んでみようと思うなら、いまからスタートしても遅過ぎるわけではないことを、こうした先達たちは教えてくれている。

## 「そのうち」「いずれ……」はNGワード

私の職場でもときどき、「老後はどうしよう」という話題が出る場合がある。たいていは、「しばらくのんびりしたいなあ」の大合唱で終わるケースが多い。

長年、忙しく仕事に追われてきたのだから、その気持ちも痛いほどわかる。だが、この「しばらく」や「いずれ……」は危険な言葉であると覚えておこう。

人間はきわめて馴れやすい生き物で、「しばらくのんびり」と思っているうちに、簡単に「いつまでもダラダラしている生活」に移行してしまう。「しばらくのんびり」と、毎日、大して面白いとも思えないテレビを見るだけというような暮らしに退屈し、イライラするのは最初のうちだけ。そのうちに退屈にも慣れて、気がつくと、**やりたかったはずのことなどどうでもよくなる**。やろうという気力まで失われてしまうことが多いのである。

このような状態を続けているうちに、脳は次第に活性を失っていく。定年後、しばらく経つのに、これといって何もしようとしない。見かねた家族から、「何かしたら」とお尻を叩かれても、「別にしたいこともないしなあ」とぼんやりしているようなら、すでに脳が活性を失いかけているのかもしれない。

そのまま放っておくと、脳はさらに活性を失ってしまい、**ぼんやり度が進んだり、やる気喪失が加速して、最悪の場合はうつや認知症になりかねない**。

だからといって、すぐに次の仕事を始めなさいと言うつもりはない。〝のんびり〟のつもりが〝ぼんやり〟になってしまわないように、いくつかの歯止めをかけておけばいいのだ。

## あらかじめ「骨休め期間」を区切っておく

長年、仕事、仕事とアクセク働いてきたのである。「しばらく、何にも追いかけられず、骨休めしたい」という気持ちもよくわかる。

それならば、骨休めする期間をあらかじめ半年とか一年と区切っておくことをおすすめする。期間を区切っておけば、ダラダラとした暮らしになだれ込んでいくのに歯止めがかけられる。

豪華客船に乗って半年くらい世界をクルージングするというようなプランなら最高だろ

う。そんな旅をする人も増えているようだが、相当のお金がかかるから、誰でもクルージングに出かけられるわけではない。

最近は、半年近い時間をかけて南米やアフリカを一周するツアーが隠れた人気になっているそうだ。半年間で百数十万円と、豪華客船より一ケタ少ない予算である。乗り物は改造した軍用トラック。

先日、テレビで、南米を一周するこのツアーのドキュメンタリー番組を放送していた。二十数名の参加者は年齢も性別も出身国も、もちろん参加動機もまちまち。興味を強く引かれたのは、メンバーに定年退職者が含まれていたことだ。ひとりはオーストラリア人の男性で六七歳。もうひとりは六〇代になったばかり、近く定年を迎える消防士で、こちらは奥さんを同行していた。

六七歳の人は心臓病の持病があり、医師の承諾書をもらっての参加である。症状は詳しくはわからないが、ツアーの途中で登山をしたとき、酸素吸入が必要になるシーンがあった。日本の医師だったら、高齢者にＯＫを出すだろうか。オーストラリアは、医師も前向きなのだなという印象を持った。

参加した彼自身も、「この旅を通じて、自分にもまだこうしたことができる体力、気力があることを確認したかった」と話していた。第二の人生に何か期するものがあるのだろう。

もし、ある期間、骨休めするならば、それまで仕事や家庭に縛られていたときにはできなかった、まったく異なった過ごし方をするのもいいと思う。

自由時間を持つようになると旅行をする人が多いが、せっかく、かぎりなく自由に時間を使えるようになったのだから、短い旅の繰り返しよりも、一か所に長く滞在するなど、**忙しいころとは旅のスタイルを変えてみる**と、違った時間の流れを経験できる。

私の知人は、以前、旅行して気に入った瀬戸内海の島に、一年間の期限で家を借り、ひとり暮らしを満喫している。奥さんも誘ったのだが、振られてしまったらしい。この間に、サラリーマン生活のアカを全部落とし、第二の人生を始めるのだと話している。奥さんと距離をおいた暮らしも、今後の二人の老後を見つめ直すいい機会になっているようだ。

こうして期間を決めておけば、のんびり期間は、退職前と退職後、ビフォアとアフターをはっきりと分ける区切りになる。骨休め期間は、**老後の新たな生活へのジャンピングボードにもなる**だろう。

定年直後、長い宮仕えの疲れがにじんでいた知人は、島暮らしをするうちに視界が晴れてきたようで、最近は元気いっぱいの便りが届いている。

## 老後も続けられる趣味を、いまから始める

以前、一緒に仕事をしたことがある編集者からメールが届いた。開いてみると、彼がピアノを演奏する光景が映し出され、目を見張った。四〇代の彼は、ワークライフバランスを大事にする世代。忙しい仕事のかたわら、プライベートライフも充実させている様子がしのばれ、一瞬、うらやましくなったものだ。

現在、シニア期に直面している人の多くは、仕事漬けの毎日をそう疑問にも思わずに続けてきたのではないだろうか。定年になって、趣味を持とうと言われても、急に動き出せないのも無理はない。

定年になったら、「何かやってみたい」ではなく、たとえば「陶芸をやってみよう」「人形作りをしてみたい」というように、イメージを具体的に持ち、現役引退の前か

ら少しでもそれに着手し、定年後はそれを継続してやっていく。つまり、**現役引退までに、定年後の生活のレールを敷いておく**といい。

いや、そう心に決めておくだけでも、関連の本やテレビ番組に目が留まるようになり、自然に関心が高まっていく。これも一つの着手だと言っていいだろう。

このようにアドバイスしてくれたのは、現在、仕事をやめ、東京から車で片道二時間の高原に山荘をかまえ、仏像を彫るという趣味に浸っている友人だった。

老後の少し前に着手しておいたほうがいいのには理由がある。年をとると、**忍耐力やじっくりがんばる持続力がだんだん弱っていく**からだ。どんなことも、始めてしばらくは基礎を学ぶ。基礎を身につける間は単調な稽古が続くので、とにかく根気が求められる。ところが、次第にこの単調さには耐えられなくなってしまうのである。

ピアノなら、指使いの練習や和音を響かせるなど、単調な練習の繰り返しである。

老後までにこのあたりを抜け出し、小曲でいいから曲らしいものを弾けるようになっていれば、いっそう熱心に取り組むようになるのではないだろうか。

ちなみに、老後の趣味に楽器演奏をと思う人は、年々急カーブで増えているそうだ。特に男性の増加がめざましい。某大人向け音楽教室では、この一〇年で五〇代以上の男性が四・八倍も増えたという。あんがい、こっそり習い始めている人が少なくないのだな、と驚いているのは私だけだろうか。

「**始めることさえ忘れなければ、人はいつまでも若くある**」

これはユダヤ人（オーストリア生まれ）の哲学者マルチン・ブーバーの言葉である。心に刻んでおくといいと思う。

## 若いころに好きだったことを思い出す

「何をやりたいのか、自分でもよくわからない。好きなことが見つからない」うつの傾向が見える人に「何か趣味をお持ちになったらいかがですか」とすすめると、こう言って、首を横に振る人が珍しくない。

「スポーツはいかがですか」とすすめれば、「運動神経が鈍い」と言う。「将棋や碁は」と言えば、「将棋はヘタだし、碁はルールも知らない」との返答。「待合室では熱心に本を読んでおられますよね。読書はお好きですか」と聞けば、「本を読むのは嫌いじゃないんですが、最近はすぐに目が疲れてしまって……」。

こんなふうに、**何を言われても、あれこれネガティブな理由ばかりを口にして何も始めようとしない**。これは、すでに老化現象が始まっている証拠と言いたくなる。未知のものに惹かれる感受性や、まだ経験したことがないことに食いついていく積極性も、年齢とともに弱ってくるものだ。

そういう人は、過去の自分が積み重ねてきた、豊富な経験を振り返ってみて、そこから興味が持てるものを引き出すといいのではないだろうか。これまで何十年も生きてきて、夢中になったことが何もなかったとは言わせない。たとえば、学生時代、どんな部活をやっていただろうか。思い出してみれば、**やりたいことの糸口は必ず見つかる**と思う。

自宅近くの花屋の店主は、数年前からバンド活動に熱中している。といえば、長髪の若者を連想する人もいるだろうが、実はもう白髪まじり。還暦くらいとお見受けする。バンド仲間も似たり寄ったりの年らしい。数年前、近所の居酒屋で偶然に昔の仲間と顔を合わせ、そこから一気に盛り上がって、バンドの再結成へという話になったそうだ。なかには、片道二時間近く離れたところにマイホームを買ったメンバーもいたが、声をかけると二つ返事で通ってくるという。

練習日は月二回。みな、仕事をやりくりして駆けつける。お盆休みには合宿もやる。メンバーのひとりが持つ長野の山荘に集まって猛練習だ。大セッション大会を開いているそうだが、どうやら、盛大に飲む目的のほうが主というのが真相のようだ。

腕前のほうは聞くだけヤボらしいが、この年齢になって、これだけ盛り上がれるものを持っているのは本当にうらやましい。若いころの仲間と再び熱い交流ができているところは、もっとうらやましい。

若いころに好きだったことに戻ってみると、そこには友だちや仲間がいる場合も多いのだ。そうした仲間とまず、再会の機会をつくってみてはどうだろう。誰言うとなく、「また、やりたいなあ」ということになると思う。

## 「電車に乗って」カルチャー教室へ

そんな仲間が見つからないなら、カルチャー教室などに習いごとに行くのが手っとり早く、趣味を始めるきっかけになるだろう。

ある新聞記事によると、老後に男性がやってみたい趣味の第一位は「**菜園づくり**」。講師と談笑しながら汗を流し、おまけに収穫を手にできるところが人気の理由らしい。

第二位は「**料理教室**」。「家族を喜ばせたい」という声が多いという。男性も家族のために何かしたいという願望を持っているのである。次いで、三位は「**楽器演奏**」。一番人気はサクソフォンだそうだ。四位が「外国語」。五位が「登山・トレッキング」。六位が「写真」。七位が「そば打ち」。八位が「絵画・イラスト」。九位が「囲碁」。一〇位が「盆栽・園芸」の順となる。

「ひとり老後」シリーズを出すようになってから、老後の暮らし方について取材をと、シニア雑誌の記者が訪れることが増えてきた。

Hさんの話は、そうした記者のひとりから聞いたものだ。「なるほどなあ」と大いに感心したので、紹介させていただく。

Hさんは数年前に定年退職を迎えた人。東京郊外に住み、地域の少年サッカーチームの世話役をかって出るなど、積極的に老後を楽しむかたわら、週に一度、カルチャー教室で、若いころから興味があった中国古典の講座を受講している。

その講座のためにHさんは、電車で一時間弱の時間をかけて、都心の教室まで通っているそうだ。実はHさんが住む地域にも同じ系列の教室があり、同じ先生が講義をしている。それでも、わざわざ都心まで通う理由は、

「外出着に着替え、カバンを持って電車に乗ると、社会とちゃんと触れていると感じられるんです。近くの教室だと、ふだんの気分の延長線上でしかありませんから」

電車の中吊り広告を見たり、賑わう街を忙しそうに行き来するビジネスマンたちの気配に触れる。こうしたことから刺激を得るのも大事にしているのだ。

帰りには、大きな書店に立ち寄り、ビジネスマン向けの最新刊の本をパラパラ繰ってくる。ときには、そうした本を一〜二冊買ってきて、読みふけることもあるそうだ。

女性にとっても、**電車に乗っての外出は、ちょっと改まった気分にさせてくれる貴**

**重なチャンスになる**のではないだろうか。ふだんよりは服装やメイクアップ、ヘアスタイルにも気を配るはずである。

習いごとをする機会を利用して、ちょっとした緊張感も味わい、刺激も得る。なんでも気楽がいちばんで過ごしてしまわない。Hさんからは、大事なことを教えられた気がする。

## 週一の予定を決めると活気が出る

習いごとをすると得られるものがもう一つある。暮らしにリズムが生まれることだ。

退職後は「毎日が日曜日」という言葉は、現役時代にはなんとも魅力的に響くものだ。現役時代は、前の晩、どんなに遅くまで仕事や調べものをしたとしても、翌日は定時出勤が原則。ようやくベッドに横になったと思うとほどなく、目覚まし時計に叩き起こされたものである。だが、定年退職後は好きな時間に起きればいいし、雨が降ろうと槍が降ろうと出かけなければならないこともなくなるのだ。

「ああ、幸せだ。こんな日々を待ちわびていたのだ」と言いたくなる。だが、やがて暮らしにはメリハリが必要なのだとわかってくる。

「毎日が日曜日」を続けていると、どの日もこれといって特徴のない明け暮れになっていく。のっぺらぼうの顔と向かい合っているような気になってきてしまうのである。

そのうち、今日は何曜日だか、新聞を見て確認するようになったり、ハッピーマンデー法のおかげで毎年変わる祝日がわからなくなったりして、愕然としたりする。

それで別に不自由はないのだろうが、**メリハリのない毎日の繰り返しは、精神の健康上はマイナス**だ。

私はよく、定年を迎えた人に、「週に一度でいいですから、何か決まった予定をつくるようにするといいですよ」とすすめている。いちばん可能性があるのが習いごとを始めることだろう。もちろん、ボランティア活動でもいい。「毎週×曜日は○○に行く」と予定が決まると、その日が核になって、一週間が引き締まってくるからだ。

前の日には「明日は午後一時に○○に行く日だな。じゃあ、帰りに、ゴッホ展でも見てくるか」などと一日の過ごし方を考えたりして、メリハリが生まれる。その結果、毎日が活気を取り戻す。一週間にリズムが生まれ、心が躍動し始めるのだ。

毎週、予定を決めておくことをすすめるのは、**単発の予定ではリズムが生まれない**ためだ。翌週も、そのまた翌週も×曜日には○○に出かける、こう思う気持ちが心のリズムを刻み、次週を楽しみに待つことがメリハリをもたらしてくれるのである。

## 誘われたことは、「断らずに」乗ってみる

年齢が上がってくると、どうしても、新たなことにチャレンジする機会は少なくなってくる。自分が知っている世界だけで行動しようとするから、趣味ひとつとっても、新しい芽は育たない。

だから、もし知り合いから何かに誘われたら、絶対に断らないで、ひとまず乗ってみることだ。

十人十色。人が違えば趣味も異なる。人の誘いに乗ってみると、これまで知らなかった世界をのぞくことができる。**意外にもその世界が自分に合って、新しい世界が開ける**可能性は大いにある。

私のところに通ってくる編集者は、趣味はゴルフというスポーツレディ。シングルのまま、年齢を重ねてきたらしい。その彼女がある日、「秘密なんですけど」と前置きして、もう三年近く、詩吟の稽古をしていると打ち明けてくれた。

「仕事でお世話になった人に誘われて、お断りしきれなくって」が、詩吟を始めたきっかけだったそうだ。

「詩吟なんて時代遅れもいいところ。人になんか言えないわ」と最初はまったく乗り気ではなく、稽古を始めてからも、「いつ、やめると言えばいいのだろうか」と思ってばかりいたという。だが、気がついたときには、すっかり詩吟の魅力にはまってしまっていたらしい。

「詩吟はお腹から声を出すので健康にいいし、歴史的な題材を扱うのでどんどん興味が広がり、退屈しているヒマがないくらい」と詩吟の魅力をとうとうと語っている。

「何よりいいのは、七〇、八〇のご婦人たちが多いことなんです。みな、元気で本当に生き生きしているんです。そうしたお稽古仲間から、私のほうが元気をもらっているんですよ」

彼女は数年前、五〇代に足を踏み入れたばかりのころ、思いがけない病気で半年も入院生活を送ったことがある。いまではすっかり回復しているが、ひとり老後を目前に控えて、ときどき不安になることもあるようだ。だが、そんな心の揺らぎも、詩吟仲間にもらった元気で吹き飛んでしまうのだという。

**いつ、どんなきっかけで、新しい世界との出会いがあるかわからない**。誘いを断ると、その機会は失われてしまうのである。誘われたのも何かの縁、「ダメもと」というくらいの軽い気持ちで、一度はのぞいてみよう。思いがけない世界が待っているかもしれない。

## 退職後の「居場所」をつくる

ぬれ落ち葉だの、粗大ゴミなどと、とかく評判が悪かった定年退職後の男性も、最近はかなり進化してきている。地域の交流センターなどを利用して、**話ができる場づくり**をするケースが増えてきているというのである。

たとえば、京都のある市では「『男の居場所』の会」なるものがあるそうだ。地域の総合交流センターに週一回集まり、テーマを設けて意見交換をしているという。

これまでの地域の集まりは、どちらかというと女性が多く、政治や経済などの話題は取り上げられる機会が少なかった。だが、長く社会の第一線で生きてきた男性は、やはり、こうした話題に触れていたいという気持ちが強いのだろう。

テーマは当番制で決める。「日中問題について」というテーマもあれば、「好きな鍋料理について」など、話題は政治・経済に限らず、多岐にわたる。誰かの独演会にならないように、当番は発言者の話がほどよいところでチンとベルを鳴らし、次の人に話を振る権限を与えられているなど、なかなかうまくできた進行ぶりのようだ。

こうした話し合いの会のほかに、仲間の詳しい人が講師になって、英会話や街の歴史探訪会などもつくられ、「男の居場所」はどんどん充実の度を進めているというから、頼もしい。

一時期、盛んだった異業種交流会を発展させて、「退職後の交流会」につなげようとする動きもある。これは東京での例だが、かつては金融関連の異業種交流会のメンバーが、以前と同じように毎月一回集まり、「焼酎研究会」や「新橋の夜を極める」などのテーマで盛り上がっているという。

現在のメンバーは五〇代中心。そろそろ定年退職が視野に入ってきた人もあり、「定年後も気軽に集まり、楽しく飲んだり、話したりする場をつくろう」という声から、こうした形に発展したそうだ。

同じ会社のOBやOGが同じような集まりをつくり、飲んだり食べたり、しゃべったり。最後はカラオケに流れていくという会を開いている例もある。この場合は、現役時代、毎日、通っていた都心に集まるところがミソ。以前、自分の庭のように歩いていた場所からすっかり遠ざかってしまうのはさびしい。そんな気持ちが強いのだろう。

最初は二、三人からでもいい。こうした集まりをつくってみてはどうだろうか。すぐに会はふくれ上がっていくはずだ。「そういう会があるといいなあ」と思っている人はきっと多いだろう。

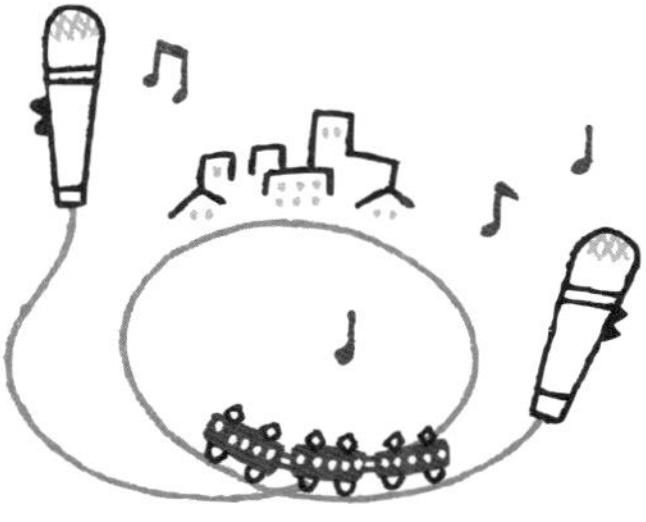

## 「資格取得」が人生をさらに豊かにする

「何をしていいか、わからない」と悩む人には、資格取得や検定試験にチャレンジすることをすすめる場合もある。つい先日も、「最近、着物にはまっているんです。この間も、友だちとランチをするのに着物を着て行ったら、みなに『やっぱり着物はいいわね』と感心されちゃったんですよ」と言う人がいたので、「着つけの先生の資格を取られたらいかがですか」とすすめておいた。

この数年間、お母さんの介護をしていた人で、その間は自由になる時間はほとんどなかったはず。ご主人を早くに亡くされ、二人の子どもはすでに独立。いまは、ひとり老後の気楽さを楽しんでいるようだが、そのうちきっと、さびしさに襲われる日もあるだろうと思えたのである。

「この年でいまさら資格を取ったところで」という意見も聞こえてくる。だが、ある年代になってからの資格取得や検定試験は、就職に有利なようにとか、資格を取って仕事をしたいという目的ではない。**目標を立て、課題に取り組む気持ちを持つ**。それ自体に意義があると思う。

仕事をしてきた人ならば、それまでの仕事の経験を生かせる資格なら、取り組みやすいのではないだろうか。中小企業診断士、不動産鑑定士、マンション管理士・管理業務主任者、ファイナンシャル・プランナー（ＦＰ）など、それまでの仕事と関連のある資格を探して、チャレンジしてみるといいと思う。ハードルが高いことを承知で挑戦するなら、**最近の司法試験合格者の最高齢は七〇歳、医師試験は六六歳**だそうだ。

資格があれば、仕事につながっていく可能性も大きくなる。字にはちょっと自信があるという人ならば、「書道検定」を取っておくと、「字が上手だ」と客観的に示すことができる。パソコンが得意なら、日商の「ＰＣ検定」を取得すれば、「ＰＣが得意だ」ということを堂々とアピールできる。

知人のお母さんは、子どものころから字が上手で、自分でもそれなりに自信を持っていたという。子どもの手が離れたころから、先生について書道を習うようになり、書道検定の一級も取得している。

ある日、なにげなく書いた文字が「お上手ねえ」と人目に留まった。そこで「書道検定の一級を持っているのよ」と口にしたところ、地域のコミュニティセンターで、高齢者対象の書道教室を開いてくれないかという話を持ち込まれた。資格はこうしたときにモノをいうのである。

「鮪解体師」の資格というのも面白そうだ。人前でマグロの解体をするには、「鮪解体師」資格の一級を持っていなければいけないそうだ。この資格を取ったからといって、マグロを解体する機会が得られるとは限らないだろう。だが、「自分は巨大なマグロを解体する資格を持っているんだ」と思えることは、なかなか痛快ではないだろうか。

そんな痛快感を味わえるだけでも、資格取得に挑戦する意義は立派にある。

## 結果よりも過程を大いに楽しめばいい！

資格とはちょっと異なるが、大好きで目がないものがあるなら、検定に挑むという方法もある。

検定はいわばオタク度を競うようなものだから、実に面白い検定がそろっている。たとえば、「お好み焼き検定」「競馬力認定試験」「時刻表検定」「戦国文化史検定」「ダイエット検定」「チーズ検定」「忠臣蔵通検定」「似顔絵検定」「日本さかな検定」「ファーブル検定」「漫画能力検定」「旅行地理検定」「ロック検定」など。

傑作なのは、「定年力検定」なるものまであることだ。定年力検定とは、「定年という区切りを迎え、豊かで充実したセカンドライフを過ごすために、最低限必要な、経済的な基礎知識力」を持っているかどうかをチェックするものである。五〇代からこうした検定にチャレンジしていれば、いざ定年となったときには準備万端整っていて、「定年、どんとこい!」となれそうだ。

老後の心配のうち、「ボケるのがこわい」という答えがかなり上位に来る。検定のなかには、「漢字検定」のように、一〇級から始まり、九~三級、その先は準二級、二級、準一級、一級と一二段階に分かれているものもあって、段階を上げていく楽しみもある。

以前、新幹線で隣り合わせた人が熱心に世界遺産の本を読んでいるので、つい視線を走らせてしまったところ、「世界遺産検定」に挑戦していると語ってくれた。旅好きのご主人と世界遺産を巡る旅を楽しんでいたそうだが、ご主人が体調を崩して以来、旅行は控え、夫婦で世界遺産検定への挑戦を楽しんでいるという。この日は法事のため、ご主人を残してひとりで実家に帰るところだったそうだ。

「検定のために本を読んでいるだけで旅をしている気分になって、楽しいんですよ」と大きな笑い声には、病気の夫を抱えているという重苦しさはみじんも感じられない。検定は言うまでもなく、資格試験を受ける場合も、合否の結果にはもうこだわることはない。

シニア世代はマジメな人が多く、**特に仕事をしてきた人は、結果を出すことを目標にするクセがついている**。だが、ある年齢になったら、結果よりプロセスを楽しもうと気持ちを切り替えたほうがいい。資料を読んだり、見たこともないような難しい漢字を覚える、そうした過程を楽しめばいいのだと頭を切り替えよう。もちろん、脳トレにもなる。

世界遺産検定に挑戦中の人は、「最高位はマイスターの称号がもらえるんですよ。主人と私とどちらが先にマイスターになれるか、競争しているんです」と言って、もう一度、大きな声で笑った。

「共に白髪を戴くようになった夫婦で検定競争なんて、いいなあ」とこちらまで、いい気分になってきた。

## 気楽に始める「シニア大学生」

「うちの学生は三分の一は中高年ですよ」と、大学の関係者が話していた。東京郊外の私立大学の話だが、最近はどの大学でも似たような状況らしい。

定年退職後の人、夫が定年退職したので、夫をおいて気楽に出かけられるようになったという主婦もいる。夫が仕事をしているころは、自分ばかり好きなことをしては申し訳ないという気持ちがあったのだろう。とまあ、中高年学生の背景はいろいろ。年齢層もかなり幅が広いそうで、四〇代、五〇代の人もいれば、八〇代の学生も珍しくないという。

「世代が違っても、お互い、学生どうしという思いがあるようで、学食などでも、よく話をしているところを見かけますよ」

少子高齢化対策の一つとして社会人入学枠を増やしたのだろうが、社会人学生はまじめで熱心なので、若い学生にもよい刺激を与えている。若者、中高年のどちらにもよく、大学側も経営が安定してよし、と三方よしという結果になっているようだ。

**「青春、若い連中にはもったいないねえ」**とは、ノーベル文学賞にも輝いたイギリス（アイルランド生まれ）の劇作家バーナード・ショーの言葉だが、「大学も若い連中にはもったいないねえ」と思うことがある。

私にも身に覚えがあるが、若いころは、せっかく大学という勉強の場を得ていながら、サボることばかり考えていたような気がする。すばらしい教授としょっちゅう会っていたのに、なぜ、もっといろいろ聞いておかなかったのだろうと、卒業してから後悔したことが何度もある。現場の経験を重ねたいまなら、基礎的な学問にももっと興味を持てたのではないかと思うほどだ。

あるいは、経済的な事情などから大学進学をあきらめざるをえず、いまでも大学に憧れを持っているという人もいるだろう。いや、ヒマをもてあまし、「同じヒマつぶしなら、大学に行っているというほうがカッコいいかもしれない」と思う人もいるかもしれない。

ともあれ、学校に行ってもいいなあと思う気持ちが少しでもあるならば、一度、これと思う大学を覗いてみることをおすすめする。

どの大学も、オープンキャンパスという形式で自由に講義が受けられる日があるので、まず、そうした機会に参加してみるといいだろう。毎日、大学に通うのはちょっと、というならば、通信制に入学する方法もある。

通信制は学費が相当かかるんじゃないかと二の足を踏んでいる人にもおすすめだ。通信制の放送大学の場合なら、入学料（全科履修生）が二万二〇〇〇円。授業料が一単位あたり五五〇〇円。卒業には一二四単位の修得が必要で、四年間にかかる学費は七〇万円ほどになる。

## 目標の数字があると趣味が続く

「我ながら、飽きっぽいんだ。何をやっても、続かない……」と自嘲ぎみに笑うTさん。私がときどき覗く、自宅付近の飲み屋の常連で、定年で会社を辞めてからも、毎日のように顔を出すらしい。

そんな彼がある日、ニコニコ顔で何枚かの写真をカウンターに座っていたお客に見せていた。私も興味を持って覗き込むと、どれも富士山の写真である。だが、なんとなく構図に見覚えがある。ほかの人もそんな表情を浮かべている。

「これねえ、北斎の『富嶽三十六景』の『神奈川沖浪裏』、あの大波の写真と同じアングルで撮ってるのよ」

得意満面である。

飽きっぽいうえ、もともと趣味というほどの趣味を持っていなかったTさんは、毎日ボーッと家にいるだけで、奥さんから不評だった。ある日、「少しは何かしたらいいじゃない。お隣のご主人は趣味が多くて、毎日のようにお出かけになるそうよ」と奥さんに言われてしまった。**「好きにしていい」と言ってあるのだが、自分が家にいると、奥さんも出かけにく**いらしい。

自分でも、毎日ごろごろの暮らしがつまらなくなっていたところだ。だが、女房にまで言われたくない。頭にきたTさんはふらりと家を出ると、なんとなく海でも見てこようと、高速を飛ばしたのだそうだ。

なにげなく着いたところから見た富士山の姿があまりに美しかったので、携帯カメラに収めていたら、同じ場所で写真を撮っていた人が、「北斎の有名な大波と富士山の図は、ここから見た光景だそうですよ」と教えてくれた。

横浜のちょっと手前という場所だったそうだ。もっとも北斎の絵は沖合で大波と戦う小さな船が描かれており、いまは埋め立てられた大黒《だいこく》埠頭からベイブリッジの架かる本牧《ほんもく》埠頭あたりの光景だと考えられているという。

帰ってきて写真を見せると、さっきはあんなに機嫌が悪かった奥さんも、「へえ、面白いわねえ」と身を乗り出した。やる気になったTさんは、「よし、三十六景全部を写真に撮ってみよう」と思い立ったというのである。

『富嶽三十六景』とは、葛飾北斎が残した浮世絵版画で、初版は一八三一（天保二）年。『三十六景』の名前のとおり、富士山のさまざまな光景を三六枚にまとめた作品である、と

だ。

言いたいが、あまりの人気ぶりに、追加でさらに一〇枚描かれ、計四十六景あるそうだ。

「浅草本願寺」や「江戸日本橋」、「穏田の水車」「下目黒」「深川万年橋下」など、東京の光景も多いが、いまではそのあたりから富士山を仰ぐのは難しくなってしまった。だがTさんは、こうした場所も、一応、撮影はしているという。

ちなみに、**北斎がこの作品を発表したのは七一歳のとき**だ。この年齢で精力的に作品を発表していたという事実からも、大いに元気をもらえるだろう。

ともあれ、偶然撮影した一枚の写真が、無趣味なTさんを変身させてしまったのだから面白いものである。『富嶽三十六景』を撮り終えたら、次は同じく北斎の『富嶽百景』、安藤広重の『東海道五十三次』を撮影するのだとTさんは張り切っている。

友人のひとりは「日本百名山」の写真を撮影するのを楽しみに、いい季節になるとひょこっと出かけている。「日本百名山」は、作家・登山家の深田久弥氏が日本の山から自分の基準で選んだもの。北は利尻岳、阿寒岳、大雪山から、剣岳、鹿島槍岳、四国の石鎚山、九州の阿蘇山、霧島山、開聞岳など、さすがと言いたくなる名山がずらりと並んでいる。

この例からもわかるように、三六とか一〇〇、四国霊場の八八か所のように、目標の数字がはっきり示されたものならば、飽きっぽい人も続けられ、続けているうちにどんどん面白くなってきて、自然に継続できるようだ。

## 目標は「ゆるく設定する」のがコツ

ただし、三六か所とか一〇〇山を「なんとしてもクリアする」と気負ってしまうことがないようにしてほしい。資格取得や検定試験のところでも話したが、老後は何ごとにせよ、**結果を追いかけることを主目的にしないで、プロセスを楽しめばそれでいい**と考えよう。大学も「絶対四年間で卒業しなければ」とか、大学院ならば、「何がなんでも博士号を取得する」などと決めつけないようにしよう。

高い目的を持つのはいいが、「そのうち、目標を達成できればいいなあ」という程度にゆるく目標を設定しておくほうが、気持ちがずっと楽になる。

老後は、たしかに時間はたっぷりある。だが、いまの元気がいつまでも続くという保証はない。「明日のことは誰にもわからない」のだ。これは若い人でも同じだが、とはいっても年齢が上がれば、病気やけがの確率はどうしても高くなる。疲れやすくもなる。

絶対にクリアするぞと張り切り過ぎてしまうと、「今日はちょっと疲れているから、出かけるのをやめようか」という気になりにくく、つい無理を重ねるようになりかねない。**「行かれるときだけ行こう」という程度に**目標をゆるくしておけば、ゆったり自分のペースを守りやすいのだ。

結果的にはこのほうが長続きし、目標もクリアしやすくなるかもしれない。

## 自分ができることを「仕事化」する

若い同僚がこんな話を披露してくれた。

父親が亡くなり、子どもが巣立った後に母親ひとりが残された。というより、ひとりで気楽に暮らしたいと言うのだそうだ。ひとり老後を心配した姉が、「毎日、何をして過ごすつもりなの？」と尋ねたところ、母親は「仕事をしたいわ」と答えた。七二歳。専業主婦で、それまで仕事らしい仕事をした経験はゼロだという。

夫や家族のために人生の大半を費やしてきた女性のなかにも、「仕事をしたい」という強い気持ちが潜んでいる場合があるということだ。これまで仕事をしてきた人なら「老後も仕事をしたい」という気持ちはいっそう強いかもしれない。

労働調査協議会（労働組合のための総合調査研究センター）の調べ（二〇〇八〜二〇一〇）によると、九〇％以上が「六〇歳以降も働く・働きたい」と答えている。

少し前の調査になるが、ニッセイ基礎研究所のパネル調査（二〇〇五年）によれば、六五歳では五九・五％、七〇歳では四二・二％、七二歳でも四一％が仕事をしているという結果が報告されている。

定年後も「仕事をする」理由は、「（家計を支えるために）働かなければならないので働く」がもっとも多いが、四人に一人は、「働きたい（生活目的以外）」と答えていることも注目される。その一方で、「いままでの技能や知識が通用しなくなったから」とか「適当な就職口が見つからないから」という理由で「働けない」人の満足度はぐんと下がるそうだ。

「気楽にのんびり暮らしたい」という気持ちと裏腹に、いつまでも働いていたいという気持ちも強い。矛盾しているようだが、あんがい本音なのではないだろうか。私自身も、定年後、仕事はどうするかと考えるとき、この二つの気持ちがどちらも同じくらいの強さで浮かんでくる。

では、どうするか。**「自分が好きなように」**が私の答えだ。

「働かなければならない」「働きたい」ならば、仕事をする方向で動いてみればいいと思う。「経済状況が厳しくて、シニアが働く先を見つけるのは難しい」ことは承知のうえで。とはいえ、けっして不可能というわけではなく、実際に高齢になってから仕事を見つけた人はいくらもいる。

先に紹介した同僚の母親は、自分で、お弁当屋の働き口を見つけてきたそうだ。仕事時間は午前四時から七時まで。出勤前のサラリーマンがお弁当を買っていくのに間に合わせるために、この時間帯にお弁当をつくるのだ。ところがパートの主婦の多くは夫や子どもがあり、この時間帯はまだ家にいたい。店は朝早くから働いてくれる人手に困っていたとかで、双方よし。最近は、**仕事をする前より、ずっと生き生きと元気に過ごしている**という。

「定年後も仕事をしたい人はたくさんいる。それなら、そういう人を集めて人材派遣業をやったらどうだろう」と考えつき、定年退職の仲間に声をかけ、「定年後人材派遣業」を起業した例もある。

豊富な経験があり、高い専門知識や技術の持ち主も少なくない。そのうえ、賃金は若い人より低く設定してある。これなら企業側もメリットが多いから求人は跡を絶たず、スタッフを増やすほどの盛況だそうだ。

シニア人材のニーズが多いのは、たとえば、お客様相談の電話応対など。最近は、モンスターと呼ばれるような、メチャクチャなクレームを持ち込む消費者も増えている。そんな顧客対応は若い人の手には余る。社会経験が豊富で、性格もまるくなってきている高齢者にはぴったりの仕事なのである。

接客業で、若いスタッフに正しい敬語の使い方を教える仕事を見つけた人もいる。

家人の友人のご主人は、大手化学メーカーの技術者だったが、定年後、数年は韓国のメーカーで仕事をし、現在は中国のあるメーカーで、若手に技術指導をしている。国境を越えてでも、自分が培ってきた技術を後継者に伝えていくのは社会的意義も大きく、本人にとっても深い満足感が得られるのではないだろうか。

また、各地にシルバー人材センターがあるから、ここに登録してもいい。建物や駐車場、駐輪場の管理、公園の清掃などや、女性なら家事補助という、これまでやってきた家事を仕事にすることもできる。仕事に必要な技術や知識を身につける研修も行なっているところが多いようだ。

時間給は一〇〇〇円弱。必ず仕事があるという保証はないが、平均的に見て、一か月に七〜一〇日間、一日三〜四時間、仕事をしている人が多いという。

## 「昔は……」を持ち出さない

定年後も仕事を続けるならば、定年のときに仕事人生はいったんリセットされたのだ、という認識を持つようにしたほうがいい。現役時代は大勢の部下を持ち、ちょっとしたことは一声かければやってもらえた。あるいは、やらせることができた。

だが、定年後に仕事を続けるとなると、たいていの場合、これまでとは立場が違う。コピー取りからパソコンのデータ入力まで、**自分でやるのが当たり前だと思ってい**

**るくらいでちょうどいい**はずだ。

収入もかなりダウンすることは覚悟しておいたほうがいい。仕事の質や量にもよるが、現役時代の半分程度の場合も多いようだ。仕事として収入を得ると、その分、受け取る年金の額を減らされるから、そのあたりもよく調べて、自分にとっていちばん納得のいく働き方を決めればいい。

収入には「自分の社会的価値を示す数字」という意味合いもある。「現役時代は軽く一〇〇〇万円を超えていたのに、いまはこれだけか」と多少、情けないような思いにとらわれることもあるかもしれない。だが、もう子どもの教育も終わり、住宅ローンも払い終わった。年金というベースもある。だったら、そんなに欲張る必要はないのではないか。

仕事の量も**フルタイムではなく、週に三〜四日**のように、少し控えめにする。これも一つの考え方である。

私のところによく顔を出す製薬会社の人は、昨年、定年を迎えたが、「引き続き、担当させていただきます」と挨拶にきた。今後は月〜木の午前一〇時から午後四時までが勤務時間だそうだ。残業の多い仕事だったろうから、実質、仕事時間は半分近くになったのではないだろうか。収入ダウンについてまでは聞かなかったが、しきりに「仕事が続けられるのはありがたい」と連発していた。

仕事はお金以外にも、たくさんのものをもたらしてくれる。彼もきっと、収入以上に、仕事を続けられることのメリットを感じているのだろう。

## ボランティアは「してあげる」ではなく「させてもらう」

収入にはこだわらない。でも、遊んで暮らすだけでは満足できないというなら、ボランティアをするのも選択肢の一つになる。

欧米では、リタイア後に限らず、何かボランティアをするという考え方が広く浸透している。だが日本では、ボランティアは人口の〇・三%ぐらいしかやっていないというデータもある。シニアなら、もっとボランティアを盛んにしてもいいのではないだろうか。

友人の母親はそろそろ九〇の声を聞こうという年齢だが、週に一回、地域のコミュニティセンターで、和服のはぎれを使った小物作りの先生をしている。母親は農家の出身で、かつてはどこの農家でも、農閑期には女たちは針を動かし、はぎれや古布を再利用したそうだ。

コミュニティセンターの催しものに、自作の古布を利用して作った袋を持っていったところ、「いいですねえ。手作りですか?」と声をかけられた。それがきっかけで、ボランティアで教えるようになったという。

別の知り合いは、市の図書館で、視覚障害者のために名作を朗読し、録音するボランティアをやっている。図書館便りでそうしたボランティアを募集していることを知って応募。アナウンサーの経験などはなく、まったくの素人だったが、簡単なトレーニングを受け、あとは経験を積み重ねていくうちにコツをつかんだそうだ。

海外でボランティアをすることもできる。国際協力機構(JICA)がシニアを対象に募集している「シニア海外ボランティア」に応募すればいいのである。基本的には無料ボランティアが多いが、なかには有償ボランティアもある。ニーズは農業技術、医療、ITなどの情報技術、教育など多岐にわたっている。

知人は土木工事技術の専門家で、毎年、半年間だけ、フィリピンで河川の治水工事の現場指導をボランティアで行なっている。半年間というのは、雨季には工事ができないため。奥さんも同行しているうちに、現地の子どもたちに折り紙を教えてほしいという話になり、いまでは夫婦で熱心に取り組んでいる。

ボランティア活動をする場合、注意してほしいのは、「してあげている」のではなく、「させていただく」という意識に切り替えなければいけない点だ。**爪の先程度でも、「してあげている」という意識があるなら、しないほうがいい**だろう。

また、ボランティアでも、参加することにした以上、それなりの責任は生じることも自覚すべきだ。「ボランティアなんだから」と気が向かない日は連絡もしないで休んでしまうようでは、受け入れ側も、ボランティアはあてにならないと、大した期待も評価もしなくなってしまう。

ボランティア活動に参加してみると、人のために役立てることの喜びがいかに大きいか実感できる。その喜びを与えられたことに、本当に感謝したくなる。

こちらが「させていただく」という感謝の思いを持って活動すれば、相手からも、心からの感謝が返される。こうして感謝の気持ちの輪が広がっていくことこそ、ボランティア活動の最大の意義ではないだろうか。

# 第3章

疲れない人間関係をつくる

# 「人づき合い」のちょっとしたコツ

## ご近所と「挨拶以上の会話」ができるようになる

「ご近所に親しい人がいない」

中高年男性のおよそ二人に一人がこう答えた。八王子市都市政策研究所が中高年世代の生活実態を調べた結果、浮かび上がってきた事実である。(「中高年世代の生活実態と生活意識に関する調査」・二〇一〇年九—一〇月実施)

これは無理からぬ話だ。大方の男性は、朝早く家を出て、帰宅も遅い。現役時代に、そんな暮らしを余儀なくされていたのである。

一方、女性はゴミ当番や通りの掃除を通して、子どもが小さいときは、子どもどうしが近所の家を行き来するなどで、ご近所とのつき合いには年季が入っている。もっとも働き続けてきたシングル女性や、共働きなどで忙しく時間に追われてきた女性は、男性と同じように感じている人が多いかもしれない。

だが、老後に家にいることが増えれば、隣近所との交流は密なほうがいい。いや、密でないと、実際に困ることも出てくる。いまからでも遅くはない。近隣との人間関係づくりを始めておくことを、強くおすすめしたい。

無縁社会という言葉がマスコミを賑わしているが、**人間関係は草木と同じ**。種をまかなければ芽生えないし、芽生えた後も、水や肥料をやるなど、メンテナンスしなければ成長しない。

それも自分でやらなければいけない。誰かが声をかけてくれるだろうと放っておけば、無縁社会化が進むのは当然の結果ではないだろうか。

少し前までは「遠くの親戚よりも、近くの他人」という言葉をよく耳にしたが、近所の人とは、ときには親戚以上に親しく交流したものだった。なんといっても、すぐに駆けつけられる距離にいることが心強い。

「親戚以上」とまでは言わないが、何かあっ

たときには気軽に助け、助けられる関係にはなっていたい。

近所づき合いは、顔を合わせたら、どちらからともなく声をかけることから始まることが多い。これまで、近所の人と顔を合わせても会釈するぐらいだったという人は、こちらから積極的に声をかけるようにしてみよう。言うまでもないだろうが、笑顔を向けて会釈もする。さらに、このとき、**挨拶に何か一言、加えてみよう**。

「おはようございます」に続いて、「お宅はお花がきれいですねえ。いつも楽しませていただいているんですよ」とか、愛犬を連れているところに出くわしたら、「かわいいですね。なんという犬種ですか?」などと一言、話しかけてみるのである。

相手が好きそうな話題を選べば、「けっこう手間がかかるんですけど、こうしてきれいに咲いてくれると手入れのかいがありますね」とか、「もう、いたずらがひどくって。いつも引っかきまわされているんですよ」などとうれしそうな返事があるだろう。それをきっかけにして、ほんの二〜三分でいいから、立ち話でもしてみよう。

Fさんは毎日、散歩を日課にしている。ある暑い日、散歩の途中、のどが渇いたので自動販売機で缶ビールを買い、公園のベンチで飲んでいた。すると、隣のベンチでも同じことをしている人がいた。顔を見ると、二軒隣のご主人だった。

それまでは顔を知っているという程度だったが、最近はときには軽い会話をかわすようにもなっていた。そんなことから、お互いの垣根はかなり低くなっていて、苦笑いしながら、どちらからともなく話を始めていた。

「いやあ、家で飲むと女房がうるさいんですよ」と言うと、相手も、「いやあ、うちもなんですよ」と答えて爆笑。この笑いで一気に意気投合。「どうですか、このまま一杯？」と一緒に近所の焼鳥屋に行くことになった。こうしたきっかけから、いままでは週に一回程度、誘い合わせて飲みに行くようになっている。

うるさいはずの女房は、それまでご主人にご近所友だちがいないのを心配していたので、この交流はかえって大歓迎。ときには、奥さんたちも一緒に飲みに行くこともあり、最近では「近くの温泉にでもご一緒しませんか」という話まで出るようになっているそうだ。

もし、**あなたが「近所にちょっとした話ができる知り合いがいるといいなあ」と思っているなら、身近なところにきっとそう思っている人がいる**はずだ。思いきって、一声かけてみると、とんとん拍子でつき合いが発展していくかもしれない。

## マンションの世話役を「かって出る」

マンションは建物の構造上、そして住人の意識からしても、居住者どうしのつき合いがそう盛んではないところが多いようだ。だが、最近は、一生このマンションに住むと考える人も増えてきているので、居住者どうしの人間関係づくりが新しい課題になっているのだ。

そんな**人間関係づくりの格好のチャンスと言えるのが、大規模修繕計画**である。居住者の年齢アップと同時進行で、マンションの老いも進んでくる。すると、大規模修繕が必要になってくる。

「マンションはこれがあるから大変なのよねえ」と言う人がいるが、一戸建てでも、長く住んでいるといろいろ傷んでくるから、それなりに修理コストはかかるものだ。

マンションの場合は個々の事情を斟酌《しんしゃく》することはなく、全戸単位で話が進む。だから、「ねばならぬ感」が強く感じられる傾向はあるかもしれない。

この大規模修繕をきっかけに、マンションの人間関係が一気によくなり、いまではもちつき大会を開いたり、車数台を連ねてグループ旅行を楽しんでいる例がある。

知人のUさんは、都内の一〇〇戸規模のマンション住まいだ。築三〇年近くになるが、しっかりとした建築で、交通も便利とあって、老後もここで暮らしていこうと考えているそうだ。

ちょうどUさんが定年を迎えた年に、二回目の大規模修繕の話が持ち上がった。一回目の大規模修繕のときは仕事で忙しく、居住人会議にもほとんど参加しなかったというUさんだが、今回はヒマがあるので、会議にもちょっと参加してみた。すると、どう見ても、見積もりの数字に納得がいかない。見積もりはマンション会社の子会社の管理部門から提出されたものだった。

実は、Uさんの仕事は建築関係で、その道のプロでもあった。そこで、Uさんは「相見積もりをとってみませんか」と提案。それがきっかけになり、大規模修繕は三社の見積もりコンペになって、結果的には工事費を大幅に削れたという。

大規模修繕の工事費は居住人の積立金が使われる。この結果に、居住者はあらためて、それぞれが持っている知識を活用することの重要性を、身にしみて学ぶ結果になったのである。

そうした意識から、日ごろから居住者間の交流を持っておくべきだという話になった。大規模修繕の話し合いを重ねている間にすっかり親しくなっていたこともあり、とんとん拍子に、もちつき大会やグループ旅行に発展したというわけだ。

大規模修繕の立役者となったUさんは、そうしたイベントの世話役もかって出て、いまではマンション内に親しい知り合いが何人もできた。次はどんなイベントがいいだろうか。知り合いが集まると、そうした話で盛り上がり、マンションの住み心地はさらに上々になったというから、うらやましいかぎりである。

## 「人と比べない」をモットーにする

友だちを増やすなら、近所づき合いだけではなく、学生時代など、昔の友だちを復活させるのも一案だ。中高年になると誰でも同じようなことを考えるらしく、五〇歳ぐらいから、「久しぶりのクラス会開催！」の知らせが届いたりする。

「あら、私のところには来ないわ」と言うなら、自分がクラス会を再開する仕掛け人になればいいのである。いまも親しくつき合っている学生時代からの友だちに話を持ちかければ、きっと前に進み出すのではないだろうか。

「でも……、クラス会は人生の成功者とか、幸せに暮らしている人ばかり集まるんじゃないだろうか」と思ってウジウジしているなら、年を重ねてきた意味がないと言われても仕方がない。もう、いい年になっているのだから、そろそろ人と比べてあれこれ考えるという精神構造からは卒業しよう。

クラス会などで幸せそうな友だちをうらやましいと思う気持ちは、裏返せば、「人の不幸は蜜の味」という心理にどっぷり浸っていることにもなる。たしかに、これも人の心理の一面ではあるのだが、なんだか自分が小さく感じないだろうか。

人と比べて、そのたびに落ち込んでいるようでは、クラス会はパスしたとしても、どこにいても、誰と会っても心穏やかではいられないはずだ。

**「私たちのいろいろな問題は……比べることに端を発している場合が多いのです」**

スリランカの仏教家アルボムッレ・スマナサーラはこう話している。

人の幸せを自分と比べる。自分の不幸を人と比べる。過去の幸せといまを比べる。

将来の幸せ（望み）といまを比べる。理想の幸せと現実を比べる。そうすると、不幸な気持ちになってしまうことが多いのである。

人は人、自分は自分。自分は自分なりに、せいいっぱいがんばって今日まで生きてきたはずである。そんな自分を自分なりに受け入れ、認めていれば、友の成功や幸せは大いに喜び、自分はみじめだなどと落ち込むことはなくなるはずだ。

自分の幸せ、いまの幸せだけを見つめていこう。

## 「人を嫌いにならない」簡単なコツ

「人間関係が苦手で」という悩みを持つ人は実に多い。うつなどを訴える人は大半がこうした悩みから、何をやってもうまくいかないという意識が過剰にふくらんでしまい、精神的な動きがとれなくなってしまったと言っても過言ではない。

老後になっても、老人ホームに入っても、人間関係はついてまわる。なんとか、人間関係の苦手意識から抜け出す方法はないものだろうか。

実は、よい方法があるという。接客業の人材教育の専門家から、目の前の人を好きになるコツを聞いたことがある。

その人のセミナーでは、まず、目の前の人のいいところ、好きだなあと思えるところを五つ、書き出してもらうそうだ。制限時間は一分間。つまり、ほとんど反射的に、相手のいいところを見る、そういう訓練を繰り返すのである。

接客業でこうした訓練をするのには理由がある。短時間の接客の間であっても、**相手を好きにならなければ、相手からも好感を持ってもらえない**ためだ。

つくり笑いやマニュアルどおりのほめ言葉を口にしても、お客の心は動かない。お客の心が動かなければ本当の満足を与えることはできないから、たとえばリピーターをつかむというような、成果にはつながっていかない。

これは、ふだんの人間関係にもあてはまる。まず、相手のいいところを見るようになれば、相手の欠点や嫌いなところはそう気にならなくなる。たとえば、「あの人はお節介で嫌い」という人であっても、いいところを探す視線で見れば、「いつも、私のことを気をかけてくれるのよね。ちょっと行きすぎだと思うこともあるけれど」となり、嫌いな点をかなりトーンダウンできる。

こうして、人を嫌いにならないようにしていると、まず自分自身が心地よくなる。人を嫌いだと思っている自分は、実は自分でも嫌いであり、けっして心地よくはないのだ。**人間関係とは合わせ鏡のようなもの**であり、こちらが嫌いだと思えば、相手からも嫌われる。こちらが好きだと思えば、相手も好意を持ってくれるようになる。

もちろん、友だちどうしにも片思いはあるだろうが、そんな場合でも、こちらからあえて縁を切る必要はないと思う。**つかず離れずくらいの関係を保っておくほうが大人の対処法**ではないだろうか。

苦手な人とつき合うときには、できるだけ一対一というシチュエーションを避け、共通の友だちを誘って、三人以上で会うようにすればいいのだ。共通の友だちが間に入るので、決定的に対立することにはならないだろう。

年をとると先立つ人もいて、友だちは次第に減っていく。それなのに、新しい出会いも減ってしまう。知り合いを増やすことがだんだん難しくなっていくのだ。

「袖すり合うも多生の縁」という。広い世の中で、知り合ったということは何か縁があったのだと思えば、「嫌い」と片づけてしまうのはもったいない。

## 「ほどよい距離感」を保ってつき合う

若いころからの友だちと、ある程度の年齢になってからの友だちとは、つき合い方が違ってくる。

若いころからの友だちは、長いつき合いを重ねてきて、お互い腹の底までわかり合っているから、なんでも言えるし、聞いてもらえる。だが、中高年になってからできた友だちは、ある程度、距離を保ってつき合うほうがうまくいくことが多いものだ。

もちろん、一概には言えないが。一般的に、人は年齢を重ねてくると、しっかり自分の世界ができあがっている。そこには、めったな

人には立ち入ってほしくないという気持ちが強くなっていくのである。

ところが、**親しくなることイコール相手についてなんでも知っていることだと勘違いしている人がいる。**そのために、悪気はないのだろうが、相手のなかに無神経に立ち入ってしまうのだ。自分では間違っているとは思っていないのだから、よけい始末におえない。

自分はせいいっぱい相手のことを思っているのに、なぜか人から敬遠されてしまうという人は、人間関係の距離感の取り方を間違っている可能性が高い。もう一度、自分の言動を振り返ってみるといい。

初対面から、相手のプライベートなことをやたら聞きたがらなかっただろうか。「どんな仕事をしていたんですか？」「お子さんは？」「どこに勤めているの？」「お孫さんはいくつ？」などと尋問したのでは、敬遠されてもムリはない。

**しつこく迫るのもよくない。**たとえば、習いごとで隣どうしになり、休憩時間に楽しい会話を交わしたとしよう。そんな帰り道、「ねえ、ちょっとお茶しません？」と声をかけるぐらいはよしとしよう。だが、相手が二つ返事で乗ってこなかった場合、「ねえ、少しだけならいいでしょう？」などと、さらに深追いしなかっただろうか。

相手が乗ってこなければ、そこまでの気持ちはないのだなと割り切り、「それじゃあ、お茶はまた次の機会に」とあっさり引きさがる。こうしたことができれば、相手の気持ちの負担にもならず、つかず離れずのつき合いが続いていく。

このように、少し引いた距離感でつき合う方法もあることを知っておきたい。そうしているうちに、親しさが深まってくる可能性は大いにあるだろう。

## 基本は「ひとりで楽しめる人」になる

矛盾したことを言うようだが、人づき合いが上手になりたければ、まず、ひとりで行動できること。ひとりで楽しめる人になることが大切だ。

「××展を見に行きたいけれど、一緒に行く人がいない」

「△△という映画が評判になっているけど、誰か一緒に観に行ってくれないかなあ」

こんなふうに思っているのはわかるとして、誘った相手が「今回はちょっと……」などと言うと、「それでは私も行かないことにするわ」と口にしたりする。これでは、半分脅しているみたいで、相手の気持ちはズシリと重くなってしまう。

もちろん、一緒に行くことできたら、どんなに楽しいだろうと思って誘うのだが、相手の都合がつかなければ、「残念ね。次の機会には、ぜひ一緒に行きましょうね」とさらりと受け、ひとりで見てくればいい。**ひとりでも楽しめる人には、この軽やかさがある。**これが、相手にとっても快い印象になる。

また、一緒に出かけた場合も、相手にしょっちゅう話しかけていないと気がすまない人がいる。それも、なぜかたいてい独演会だったりする。

そのうえ、相手が「今日はこれから、もう一か所、回りたいところがあるので」と言ったりすると、「私もご一緒するわ」などと、どこまでも一緒に行動しようとする。これでは、相手はうんざりしてしまう。

中学生の友だちづき合いではないのだから、**引くべきタイミングは心得ていたい。**

年齢を重ねてくると、人それぞれ個性やクセが強くなってくる。それらを丸ごと受け止めて、さらりと流せるようでなければ、老後の人づき合いはうまくいかないものだと肝に銘じておこう。

## 相手を「主役」にしてつき合う

上手なつき合い方のコツは、聞き上手になることだとよくいわれる。聞き上手というより、話させ上手と言おうか。なかには無口な人もいるが、たいていの人は無意識のうちに、自分が中心になって話したがる。客観的に聞いてみたとき、**相手が七、こちらが三ぐらいの割合が、相手が五分五分だと思うバランス**だという説もあるくらいだ。

相手に気持ちよくしゃべってもらうには、**常に相手が主役と考え、相手がしゃべったことだけを話題にする**。こちらは、あいづちを打ったり、相手の言葉を繰り返すなどの合いの手を入れていく。その程度がいいのである。

「私ね、もう、大きな息子がいるんですよ」

「そうですか。とてもそんなふうには見えませんけど」

「まだ子どもの心配ばかりしているから、年はとれないのかもしれないわ。実はうちの子、サラリーマンはいやだと言って、演劇関係の仕事をしているんです」

「演劇関係って、役者さん？」

「いえ、舞台照明なんですよ」

「照明ですか？」

「ええ、けっこう専門的な仕事のようなんですよ。アメリカに留学したいなんて言い出して。いまはもう帰国して、いろんな舞台の手伝いをしているんですけど」

「留学されていたなんて、すごいですね」

「いいえ、親のスネをかじって行ってきただけですから」

「おいくつになられるんですか？」

「もう三五歳。でも、まだ独身なの。いつ、孫に会えることやら」

前に、上手な距離感を保ってつき合うことが大事だと話したが、こちらから相手のなかにズカズカ踏み入っていかなくても、この例のように、**相手に気持ちよく話させるようにしていれば、次第に相手のことはわかってくる。**

つまり、ほどよい距離感を保とうとしていれば、逆に距離感は徐々に埋まっていき、気がつくと、けっこう親しい間柄になっていたりする。

何かを決めるとき、**相手に決めてもらうように持っていく。**これも、相手を主役にするつき合い方のコツの一つだ。といっても、相手の言いなりになるということではない。だいたい、こちらの好きなものに決まるのだが、相手は自分が決めたという印象を持つ、そんな話し方を覚えておきたい。

たとえば、今日はお寿司が食べたい、そんな気分なら、

「お昼、何にしましょうか？　何がお好きですか？」

「パスタはどうかしら？　パスタのおいしいお店を見つけたのよ」

「そうねえ。……でも、私、昨日の夜、イタリアンだったんだわ」

「じゃあ、和食のほうがいいわね」

「ええ、どちらかといえば、そんな気分」

「では、うなぎにしません？　ひつまぶしが食べられるお店があるのよ」

「ごめんなさい。今日は、うなぎはちょっと重い気分かな」

「そう言われてみると、私もうなぎは重いかもしれない。じゃあ、やっぱりお寿司かしら。この近くに、回転寿司だけど、けっこう上ネタを出すお店があるのよ。回転寿司としてはちょっと高めだけど」

「賛成！　ぜひ、そのお店に連れていって」

と、こんな具合である。

結果的に自分が食べたいものに持っていく誘導話法のように聞こえるかもしれないが、この日はたまたまそうなっただけ。もちろん、相手が望む方向に進んでいく場合もある。

大事なのは、常に相手を主役にすること。**相手に華を持たせるという心遣い**があるかどうか。そして、相手が機嫌よく話を進めているかどうかである。この一点さえはずさなければ、結論がどちらに転ぼうと、それは大した問題ではない。

言うまでもないが、相手を主役にするという心遣いや話し方は、友だちに限らず、夫婦や親子などにも通じる、人間関係をなめらかにする秘訣なのである。

## 貴重な「夫婦の歴史」を大切にする

「これまで見たもののなかで、もっとも美しかったものは腕を組んで歩く老夫婦の姿でした」

これは、往年のハリウッドの伝説的女優グレタ・ガルボの言葉である。

最近はデパートなどでも、連れだって買い物をしている老夫婦を見かけることが増えてきた。旅先などでは、さらに多くの、とっくに銀婚式をすませたような夫婦連れを見かけ、ときには「いいものだなあ」と思わず視線で追ってしまうこともある。

だが、日本ではまだまだお互いそっけなく、あるいはどこかギクシャクしながら暮らす老夫婦も多いのではないだろうか。精神科を訪れる人のなかには、退職した夫が毎日家にいるのが耐えられなくて、精神のバランスを崩しかけた人も珍しくない。

特に、現在のシニア世代では、結婚したとたん恋愛時代の甘い関係はどこかに行ってしまい、やがて子どもが生まれれば、「パパ・ママ」の関係だけになってしまった夫婦が多い。こうした夫婦は子どもが巣立った後、気がつくと、**お互いを結ぶものが見出せず、途方に暮れてしまう**のだろう。

だが、日ごろは疎遠な夫婦でも、一方が病気になったりすると、自分たちでも気がつかなかったほど深い思いでつながっていることが、はっきり見えてくる場合がある。

長い結婚生活の末、別居になってしまった夫婦がいる。離婚したくても、専業主婦だった中年の女性が経済的に自立するのは難しい。二人の娘の就職、結婚のことも脳裏をよぎった。その結果、家庭内別居という方法を選んだらしい。

だが、五〇代の後半になって妻ががんになった。すると夫は、意外にも、かいがいしく看病を始めたのである。

ふだんはそっけなく、空気のような存在になっている夫婦でも、一方が入院したりすると、いっぺんに心が近づくことがある。病床の妻、あるいは夫が配偶者に向かって、「ありがとう」と涙声で言い、それを受け止めるほうも涙を流したりしているのだ。

そっけなく見えながら、長い間にお互いの愛情は静かに深まっていき、いまでは、愛情というより、情愛とでもいうべき関係になっているのではないだろうか。

情愛であっても、**ふだんから、もっとお互いの気持ちを伝え合えば、二人の関係はずいぶん変わる**のではないだろうか。

二人で暮らしていく以上、ギクシャクしたり、そっけない生活をするのはつまらない。子どもたちが親離れしたら、これから訪れる二人で過ごす長い老後のために、夫婦の関係をもっと生き生きしたものに変えていくように努めよう。

人間関係は、ちょっとしたことで改善される。そして、老後に限らず、**人間関係の回復に絶対的な効果があるのは、感謝の言葉とほめ言葉**である。

妻も夫も、お互いにふだんから、もっと「ありがとう」の言葉を口に出そう。

「そこの新聞、取ってくれ」と頼んで、新聞を手渡されたら、「ウン」や無言ではなく、「ありがとう」。朝、靴が磨いてあった。女房だから当たり前だと言ってしまえばそれで終わり。こんなときも「ありがとう」とちゃんと口にする。

こうしたことが、夫婦の関係を変えていくのである。

ほめ言葉も惜しまないように。妻がおしゃれをしたら、「おっ、いいじゃないか」ぐらいのことは言ってみよう。テレビを見ながら、夫がうんちくを披露したら、「あなたって、いろんなことを知ってるのねえ」と大いに持ち上げる。たわいがないようだが、こうしたことも大事なのだ。このように小さなことを積み上げていくうちに、老後の夫婦関係は徐々に生彩を取り戻していく。

「定年退職時に、妻と家事や家の仕事の分担を話し合って決めた」と話す知人は、おかげで〝粗大ゴミ〟と邪魔にされることもなく、つつがなく夫婦二人の日々を送っていると笑った。

ある奥さんは、ご主人の退職時に、「お互いに週に一日ずつ、自由に外出していい」と話し合い、奥さんが外出した日の夕食のしたくはご主人の担当とも決めたという。

退職後、奥さんがいちばんイライラするのは、「**夫が何もしないで家にいるのに、自分は家事に追われている**」ということらしい。五分五分で担当しろとまでは言わない。積極的に手伝う姿勢が伝われば、それで気持ちは収まるのではないか。

奥さんのほうも、夫が不慣れな家事でうまくいかなくても、文句はつけないことだ。おだてて、ほめて、上手に手のひらで転がしていればいいのだと達観すれば、かえってうまくいくはずだ。

**一度しかない人生で、これだけ長い期間、共通の基盤で生きてきた相棒は配偶者のほかにはない。**このかけがえのない貴重な関係をもっと大事にして、この先も夫婦の歴史をさらに楽しく続けていこう。

## 子や孫との上手なつき合い方

「うちはロックフェラー家と同じやり方にしているのよ」とカラカラ笑う明るい女性がいる。

仕事を続けたいという彼女と夫の考え方が合わず、若いころに離婚。女手一つで二人の子どもを育てあげてきた肝っ玉母さんでもある。フリーのCMプロデューサーという広告関係の仕事だが、仕事は山あり谷ありらしい。つまり、ロックフェラー家のような富豪でないことはたしかである。

何がロックフェラー家と同じかといえば、「**成人したら、親のお金はアテにしない**

こと」だそうだ。彼女によると、ロックフェラー家では、子どもは男も女も、一八歳になると家を出て自立することが家訓だという。大学はアルバイトや奨学金で卒業する。

生物の存在意義は、次世代に命を継承するためだと聞く。次世代に継承するとは、ただ子孫を産めばいいということではない。ちゃんとエサを自分で取り、敵から身を守る技と知恵を教え込み、自立させる。その子はさらに次の世代に、その技と知恵を伝えていく。この連鎖が何億年も続けられ、豊饒《ほうじょう》な生命世界をつくりだしたのである。

人間も例外であってはならないはずだ。

ロックフェラー家と同じという彼女は、「成人まで」を「社会人になるまで」と少しハードルを下げたようだが、仕事選びも結婚も、孫が生まれてからも、お金も口も出さない。子どもには子どもの人生があるという考え方に徹している。

これは、簡単そうに思えるが、なかなかできることではないと思う。

最近のシニアはいつまでも元気で、体力も精神力も、そして経済的にも、ある程度の力を持つ人が増えている。それは大いに結構なのだが、その力が子どもや孫に注がれ過ぎてはいないだろうか。

家人の友人に、共働きの娘さんの子どもの面倒を見て、自分の時間を持てなくなってしまった人がいる。娘さんはいったん仕事をやめていたため、保育園は待機中。ロックフェラーを目指す彼女ならば、「それでも仕事をしたいなら、自分の裁量で子どもを預けるところを探しなさい」と突っぱねるような気がするが、はたしてどうだろうか。

ほかにも、息子がマイホームを買いたいと言ってきたので、「しょうがない、頭金を出してやったよ」と言う人もいれば、「車を買ってやった」と言う人もいる。もっとも車のほうの友人は株が値上がりし、思わぬ金を得たからだというが。

こうした例のように、最近は、いつまでも子どもや孫にかまい過ぎる傾向が強いように思えてならない。しかし、お互いにもたれ合う関係は、親にも子どもにもけっしてよいはずはない。

世話をしたり、お金を出したりすれば、つい口も出したくなるのが人情だ。だが、子どもの家庭のやり方や孫の教育方針などは、いくら親でも口を出すべきではない。**愛情からだといっても、結局、嫌がられるのがオチ**だろう。

親も子も、お互いに依存し過ぎない。だが、緊急時やどうしようもないほど困ったときには、いつでも最大の味方になり、できる援助は惜しまない。そんな関係がベストではないだろうか。

ロックフェラーを目指す彼女には見習いたい点がもう一つある。子どもや孫との楽しい時間を、いつも積極的につくっていることである。たとえば年に一度は、娘と息子、そしてその家族全員連れだって一〜二泊の旅行に出かける。誰かの誕生日には「ちょっと豪華めの食事会」を開いているという。これらは彼女のおごり。

「子どもやそれぞれの妻や夫、孫たち、みな何かの縁で家族になったのですものね。いつまでも楽しい家族でありたいなと思っているのよ」

私も老後に時間ができたら、家族全員が顔をそろえて楽しむ、そんな機会をどんどんつくりたいと思っている。

## 「親戚づき合い」をしっかり続ける

最近は一人っ子が珍しくない。兄弟がいたとしてもせいぜい二人だったりする。やがて両親がいなくなったら、**血がつながった関係はかぎりなく細くなっていってしまう。**

「自分の代には親戚づき合いは盛んだったんですよね」と言うPさんは姉一人、弟二人の四人兄弟。だが、次の世代は二人兄弟が二組、一人っ子が二組。その子どもの子どもはいまのところ、合わせて二人しかいない。

「二人の孫はそれぞれ一人っ子ですから、兄弟のように育っていってほしいと思っているんです」とPさんは言う。

Pさん自身、いとこと兄弟同然で育ち、いまでも親しく行き来している。そこで、Pさんは「みんなでときどき会おうよ」と兄弟に声をかけた。みな、そろそろ退職年齢が迫っていることから一抹のさびしさがあったのだろうか。いまでは、年に二〜三回、兄弟と配偶者＋その子、家族がいれば家族もと、親戚一同で食事会を催したり、一泊の温泉旅行などに出かけるようになっている。幼いいとこどうしはすっかり仲良くなり、この夏休みは一緒にキャンプをする約束もできたそうだ。

Pさんの兄弟はたまたま四人とも首都圏内に住んでいて頻繁に会えるが、親の出身地など、遠く離れた親戚ともときどき会うようにし、親しい関係を保っておきたい。

某週刊誌が「定年までにやっておきたいこと」というアンケート調査を行なったところ、「親戚づき合いが重要だ」という人が少なくなかったそうだ。

特に一人っ子の場合は、**後に残ることになる子どものためにも、親戚づき合いを大事にしよう。**もし、めったに会わないようになってしまっていたら、こちらから親戚を訪ね、交流を再開しておくといいと思う。

結婚式や法事には、親戚のつながりを固めるという意味合いもあったのだろうが、最近はじみ婚、直葬などが増え、そうした機会まで減ってきてしまった。だとしたら、地方の祭りなどの機会に、久しぶりに親の故郷に足を運んでみれば、親戚づき合いの復活のきっかけになるかもしれない。

## 困ったときは、素直に「助け」を求める

「絶対に誰にも迷惑をかけないつもり。最後まで自分の面倒は自分で見るつもりだから、親のことは気にしないでいいのよ」と子どもに言い張って、がんばっている高齢

者。「困ったときには力を貸してね。よろしく」と言っている高齢者。あなたはどちら派だろうか。

もし、最後までがんばる派だと胸を張るようなら、ちょっと考え直したほうがいい。精神科医として申し上げれば、**「力を貸してね」派のほうが、より健全**だと言えるからだ。

老後を凛と、清々しく暮らすためには、「自立」と「自律」が必要だといわれる。老後に限ったことではないと言いたくなるが、老後はともすれば、ひとりで自分を支える自立も、自分をしっかりコントロールする自律も崩れそうになる。だから、年齢を重ねるにつれて、自立と自律を守っていこうとする意識は、いっそうしっかり持っていたいと思う。

だが、そこに「できるだけ」というフレーズを加え、がんばっても自立と自律が危うくなってきたら、まわりに助けを求めるほうがいい。このくらいの素直さと柔軟性、さらに言えば、**かわいげがあるほうが、人間、ずっと魅力的**なのである。

Yさんは、「誰にも迷惑をかけないから……」が口癖だったお母さんが認知症になり、その介護のために結婚もあきらめ、すべてのエネルギーを注いできた仕事まで手放さざるを得なかった。その体験から、「誰にも迷惑をかけないから」と断言することなど、誰にもできることではないと痛感したようだ。

いまでは、Yさん自身が老後を迎えているが、日ごろから、むしろ、がんばり過ぎないように気をつけているという。誰かが「手を貸しましょうか」と声をかけてくれたときには、「大丈夫です」と突っぱねてしまわず、「ありがとう、本当に助かるわ」と素直にお願いする。すると、相手もとても喜ぶことにも気づいたという。

「老いは確実に私の上に訪れているのである。その老いを自然に受けとめ、足らざるところは人びとの助けを借りて、素直に生きることも、自分らしく愉しく暮らす方法であろう」

最後までかわいらしさを失わず、九八歳の天寿をまっとうした作家・宇野千代さんは、『生きる幸福　老いる幸福』（海竜社）にこう書いている。

上手にまわりに力を貸してもらえるかわいげのあるお年寄り。目指すべきはそんな姿ではないだろうか。

# 第4章

いらないものは一気に捨てる！

# 心が乱れない「暮らし方」を知る

## 整理できなくなったら、「ボケかうつ」を疑う

突然、電話が鳴って、知り合いがすぐ近くまで来ているので、ちょっと寄ってもいいかと言う。こんなとき、「ええ、もちろん、どうぞ。お待ちしています」と答えられるか。それとも、散らかっているのであわてふためき、「うちはちょっと。私も出ていきますから」と近くの店などで会うか。

あなたはどちらのタイプだろうか。後のほうだと答える人は要注意だ。

実は、**家のなかが片づいているかどうかは、心もすっきり整理され、安定しているかどうかを示す目安**にもなるからだ。要らないモノがため込まれていたり、足の踏み場もないくらい散らかっている人は、頭や心のなかも取り散らかっていると見て、ほぼ間違いない。

孤独死やひきこもりの人の部屋は、たいていモノで埋め尽くされている。ゴミまで処分できなくなる。こうなったら重症である。極限はゴミ屋敷だ。テレビなどで報道

されるゴミ屋敷の主を見れば、不要なものをため込んでいるのは、相当症状が進んでいることがわかる。

家のなかだって、同じである。身のまわりに、壊れた電気製品や家具などをそのままにしていないだろうか。もう使うことはないはずのものをなぜ処分しないのだろう。もう何年も着る機会がないまま、クローゼットや押し入れにしまい込んである洋服が山のようにある。こういう人もかなり問題ありだ。

身辺の整理ができていない人は、快適に暮らしていこう、気持ちよく生きていこうという気持ちが失われてしまっていると言われても反論の余地はない。ちょっと片づければいいものを、**どこかで「もう、どうでもいい」と人生を投げてしまっているの**である。それがさらに進むと、ボケやうつになりかねない。

逆に、なんだか気力が湧いてこない日には、ちょっと身のまわりを片づけてみることをおすすめする。机のまわりとか、キッチンだけというように場所を限れば、一時間もあれば、けっこうすっきり片づくだろう。

そして、片づけ終わるころには、「あれをやろう」とか「ちょっと○○まで出かけてこよう」と、新しい力が湧いてきているはずである。

## 人生節目の「大片づけ」のすすめ

身のまわりを片づけると、心まですっきり整理してくる。身のまわりの整理と心の状態には深い関係があるものなのだ。

このことが注目されたため、最近は一種の整理術ブームまで起きている。

インドの富裕層では、ある年代になると、それまで持っていたものを少しずつ手放していく修行をするそうだ。人は、厳しく自分を制していかなければ、一度手にしたものを手放すことができない生き物なのである。

この鍛錬は、物理的に持っているものを手放すことを通じて、老いや、さらにその先にある死を迎えるための心構えをつくることにも通じている。

人は老いるにつれて、体力、気力、経済力などすべてにおいて、ゆるやかに坂を下りていく。手にあるものを少しずつ減らしていくことで、ムリをなくし、穏やかで居心地のいい毎日を過ごしやすくしていくようになるのである。**簡素ですっきりは老後**

**の体力、気力、経済力に合った生活のサイズ**と言えるだろう。

五〇歳、六〇歳、あるいは定年退職後の六五歳など、老後に向かう節目の年には身辺を大片づけしてみよう。

高峰秀子さんは五五歳で女優業をすっぱり引退すると、それまで住んでいた大邸宅を小さな家に建て直した。女優をやめれば、もう客が大勢来ることもなくなる。そうなれば、大きな家は無用の長物になると思った。同時に、豪華な家具も、来客をもてなすための食器類などもいらなくなる。それらも全部処分した。

このときに、夫の脚本家・松山善三さんの分も合わせて一〇〇本以上あったトロフィーなども全部捨ててしまったというから、その思いきりのよさは「あっぱれ！」と言いたいほどだ。私たちも、節目の大片づけのときには、それまでため込んでいたものを総ざらいし、本当に必要なものだけを残して、ばっさり処分するようにしよう。

この大片づけのときの処分の目安は、家の大きさなどにもよるが、残しておくのは最大、収納スペースの八割まで。**収納も「腹八分」がほどよい目安**なのである。さらに歩くところや床の上などに置いてあるもの、積んであるものを極力ゼロにする。

持っているものが減れば、手持ちのものを自分で把握できるようになり、「あれはどこだっけ」と探し物に追われることもなくなっていく。それだけでも、ストレスは大幅に減り、気分は大いに違ってくるだろう。

節目の大片づけの後は、いつもこざっぱりと片づいている状態を保つように心がけよう。片づいているというときの基準は、**いつ、誰が訪ねてきても、気持ちよく招き入れることができるかどうか**だ。

そんな家なら、自然と自分からも、「ちょっとお寄りください」と口に出せるようになる。人づき合いはこうしたことから広がり、深まっていくことが多いのである。

## 「老後資金」は心配しても始まらない

「年金制度がもたないかもしれない」という声が聞こえてくる。マスコミでは、老後の資金には三〇〇〇万円必要だ、いや、五〇〇〇万円は欲しいというような情報を流している。そんな情報にふれるたびに、我が家の預金高を頭に浮かべ、暗くなる人もいるだろう。

だが、マスコミが報じる数字は理想的には、あるいは平均的には、である。人は理想や平均を生きるのではなく、自分の人生を生きていくほかはない。

お金の問題に限らず、人生においては、ある程度の開き直りの精神は必要だと思う。いま、手にあるもの以上は、「絵に描いたモチ」。特にお金に関しては、自分のサイフや預金通帳と向き合っていくほかはない。**「ない袖は振れない」**のである。

厚生年金か国民年金かなど、年金の種類によって異なるが、年金暮らしになると、現役時代の収入の六〇%程度になると思っていたほうがいいそうだ。

また、統計的に、女性は男性より寿命が長い。そのうえ、夫より年下というケースが多いから、最後の何年間かはひとり老後になる確率が高い。ひとりになると、自分も厚生年金受給者でない場合は遺族年金で暮らすようになる。

遺族年金はそれまでの年金額よりさらに縮小される。それまでは二人分で、遺族年金は一人分ということなのだろうが、**ひとり暮らしは二人で暮らす半分しかお金がかからないというわけではない**。住居費や光熱費など、生活の基本になる経費は一人でも二人でも大きな差はない。

そうなったときにも暮らしていけるかどうか。先々のことを心配しても仕方がないが、そのあたりの目途ぐらいはつけておきたいものだ。

自営業で、夫婦の国民年金で暮らしていた場合、一人になって、一人分の国民年金で暮らすのはムリではないか。個人年金を積み立てておくなど、必要な備えをしておかなければ生きていけない。教育費など、子どもにかかっていたお金を、そろそろ自分たちの老後の備えに回すようにして、蓄えをふくらませていきたい。

あるいは、仕事を続ける目安をつけておく。仕事ができる間は働いて、その分を老後の備えにあてるなど、方法はいくつもあるだろう。

個人年金に加入するならば、一般に、保険の積立額は年齢とともに高くなっていくのだから、備えはできるだけ早く始めるようにしよう。

## 「お金の使い方」で絶対に気をつけるべきこと

自分でできるだけの備えを進める一方で、お金の使い方を見直すことも大事ではないか。これまでは月々の収入のほかに夏・冬のボーナスがあったし、退職金という大きなお金が入ってくることも見込めた。だが、老後は年金がすべてという人が多い。

だからといって萎縮する必要はない。ほとんどの場合、老後は、それまで家計に大きくのしかかっていた教育費や住宅ローンから解放されるからである。

しかも、これも一般的ではあるが、高齢者はあんがいお金をしっかり持っているようだ。総務省の調査によれば、六〇歳以上の平均貯蓄高は二三四六万円（平成二〇年・総務省・家計調査報告〈貯蓄・負債編〉より）にのぼるそうだ。一方、「子どもが親から相続した金融資産の平均は二二〇〇万円」というデータもある（二〇〇八年『日経プラスワン』）。金融資産とあるので、土地などの不動産は含まれず、預貯金や株式だけで、これだけ遺しているという。

それでも、子どもたちが遺されたお金を有意義に使ってくれるなら、まだしもだ。家庭裁判所でいま、いちばん多いのは遺産相続をめぐるトラブルの調停だという。しかも、莫大な遺産をめぐって争うわけではなく、総資産数百万円程度の少額遺産をめぐっての争いが多いと聞く。

つまり、**少々の資産を遺すのは、争いのタネを残すことと同じ**なのだ。それくらいなら、自分の代で、きれいに使いきってしまったほうがいいではないか。少なくとも、それまでは「子どものために」を最優先にしてきたお金の使い方を、まず「自分自身の人生を豊かに、楽しむこと」を最優先にすると価値観を変えるべきだと思う。

「シックスポケット」という言葉をご存じだろうか。最近の子どもには六つの経済的なポケットがあるという意味である。共働きの両親で二つ。残りの四つは、それぞれの祖父母のポケットというわけだ。子どもにお金がかからなくなったら、今度は孫にお金を使っている。たまに小遣いをあげるぐらいはよしとしても、孫の顔を見るたびに、「何か欲しいものはないか」と甘い声を出すのは、孫のためにもならない。

老後のお金は、夫婦二人、あるいは自分のために使いきる、という考え方に切り替え、これまでよりワンランク上の楽しみを味わってみるほうがいいと思う。

# 儲け話は「見ざる・聞かざる・言わざる」がいちばん

日本人のタンス預金（個人資産）は一四〇〇兆円もあり、その大半は高齢者が持っているという。いったい、そんなものはどこにあるのだろう。思わず、我が家のタンスのなかも探してみたくなる。

老後になったら、我が家の資産をちゃんと把握しておくこと。退職金が入る予定であれば、それも含めて、老後の資金計画を立てておくようにしよう。

「これではちょっと心細い」「もっと増やしたいなあ」という気持ちにつけ込み、「利回りが高い投資がある」などと電話がかかってくることがあるだろうが、そんな話には最初から耳を貸さないと決めてしまったほうがいい。

投資をめぐるトラブルの被害者には、高齢者が多く含まれている。タンス預金を狙ってということもあるが、日中、在宅していることが多いうえ、時間の余裕もあるので、投資話にも耳を傾けてくれるからだ。ひとり老後の人のなかには、銀行や証券会社からの電話や訪問にさびしさをまぎらわせ、つい、心を許してしまう例も少なくない。

そのあげく、しばらく話を聞くと、「そんなにいい話を持ってきてくれたのか」とひざを乗り出したり、「こんなに親切に言ってくれるのに、断るのも悪い」と投資話に乗ってしまうのだろう。

名の通った金融機関からの話ならば、怪しげな投資話とは違うだろうと思う人も多いようだ。もちろん、その金融機関が信用できないというわけではない。だが、投資では、「リターンとリスクは比例する」。これが決まりであることは肝に銘じておかなくてはいけない。世の中、そんなにおいしい話があるはずはない。利回りが高ければ、それだけリスクも大きいのである。例外はない。

ところが、利回りが高い投資をしたのだから、お金は増えると思い込んでしまい、逆の結果が出ると大きく落ち込む。不思議でたまらないのだが、虎の子の預金を全部投じてしまうというようなケースもマレではないことである。

老後の備えを失い、その結果、精神のバランスを崩し、うつや心身症になってしまう人もいることを知っておいていただきたい。

**リスクの高い投資（大きな利回りが期待できる投資）は、万一、そのお金がなくな**

**っても困らないような余剰資金の範囲内で行なう**こと。これが大原則だ。余剰なお金などないなら、最初から、投資話には関心を示さないほうがいい。

「見ぬもの清し」という。見たことがなければ心を乱されることもない。投資に関しても、この基本を大事にして生きていこう。「見ざる・聞かざる・言わざる」。投資話にはいっさい関心を示さなければ、少なくとも損はしない。

まあ、たまに「ダメもと」で宝くじを買うくらいなら、ご愛嬌と言えるだろう。だが、少なくとも私のまわりには、宝くじで大金が当たったという人は見当たらない。あなたのまわりはどうだろうか。

宝くじを買うなら、はずれても笑ってすませられるぐらいの金額内で、「一億円当たったら、あれをしよう。これをしよう」とせいぜい夢を楽しもう。

## 「預金通帳やカード」の管理術を知っておく

「振り込め詐欺で一二〇〇万円詐取される」。最近の新聞にのっていた記事である。警察官や銀行協会職員と名乗った男性から「あなたのカードが偽造されている。すぐに暗証番号を変えなければいけない」という電話があった後に、自宅を訪れた男にキャッシュカード四枚を渡し、現在の暗証番号も伝えたという。

しかし、二、三日経っても連絡はなかった。調べたところ、すでに四枚のカードから一二〇〇万円が引き出されていた。被害者は八五歳のひとり暮らしの女性だったそうだ。

こうした記事を目にするたびに、高齢者の自己判断、自己責任のあり方は実に難しいものだと考え込んでしまう。

この八五歳の女性が認知症であるかどうかは、記事を読んだだけではわからない。

だが、たとえ、相手がもっともらしく名乗ったとしても、見知らぬ人にキャッシュカードを渡し、暗証番号を明かすというのは、まともな判断力があるとは思いにくい。
成年後見制度など、認知症などでお金の自己管理ができなくなったときのためのフォローをする制度は完備されている。だが問題は、誰が、どのようにして、「もう、自己管理はできにくい」と判定するかだろう。

これは、認知症とはまったく次元の違う話だが、ある女性作家は七〇代になったときから、これまでつき合いがあったなかで、もっとも信頼できる編集者の知人に、まず原稿を送り、読んでもらっている。そして、少しでも疑問符が浮かぶようになったら、「筆を擱《お》くべき時がきた」と告げてくれるように、と約束してあるそうだ。

お金などをめぐる判断力についても、同じように、**客観的に判断し、はっきり告知してくれる人を決めておく**ことができればいいのだが。問題は誰に頼むかである。

家族など、身内はあんがい客観的になれないもので、資産問題がからむため、よけいな火種になることもある。できれば、親友などで客観的な立場の人がいいのだが、適当な人が見つからないなら、自衛するほかはない。

預金通帳、カードや印鑑などは絶対に他人には渡さないこと。必要な場合は自分で金融機関に行く。少なくとも同行することを徹底すること。これを鉄則にする。それができなくなったときにはどうするかも決めておく。

成年後見制度については、自治体の高齢福祉課などに問い合わせると、詳しく説明してくれるはずだ。

## 思い出も整理して「まとめておく」

デジカメや携帯電話のカメラが普及していることもあり、最近はみな、本当によく写真を撮るようだ。

知人も大変な写真好きで、旅行先では、ちょっと歩いては「はい、ポーズ!」の連続だ。帰ってくると、それらの写真に観光地のパンフレットから駅弁の包み紙やはし袋、旅館のパンフレットまで貼り付けたアルバムを作る。「一回の旅でアルバムが一冊できるの」と笑っているほどで、アルバム作りのために旅行に出かけるのではないかと思えてくるほどだ。

こうして大いに楽しむのはいいが、万一のとき、**遺された者にとって、写真は捨て**

**にくいもの**だということは自覚しておきたい。

知人は、こうしたアルバムを大量に作るほかに、残しておきたい写真を厳選し、それをDVDに保存している。「私がいなくなったら、たくさんある旅の写真は処分していいから、このDVDは大事にしてね」とメモも添えてある。

いくら楽しかったからといって、**思い出を形で山ほど残す必要はない**。本来なら、思い出は気持ちに深く残せばいいと言いたいところだ。

カメラなど手にせず、行く先々で目にしたこと、風のそよぎ、光の揺らぎ、光と影の濃淡が描きだす光景などを全身で感じてくるのもいいものだと思うのだが、いかがだろうか。

## 買い物は「気分のいいときに」行く

人生節目の大片づけとまでいかなくても、季節ごとの衣類の入れ替えなどをするたびに、我が家にはいかにいらないモノがたくさん詰め込まれていたかを思い知らされ、

「これからは必要なものだけを買おう」と固く決意するという人は多いだろう。

だが、一年も経つと元の木阿弥で、またまたうんざりするほど、モノがたまってしまう。こういう人は、買い物の習慣を根本的に見直すべきだろう。

一つは、習慣だからと**毎日のように買い物に出かけるのをやめる**こと。夫婦二人だけ、あるいはひとり暮らしなら、週に一、二度買い物に行けば、日常生活はだいたい間に合うのではないだろうか。

それから、**妥協した買い物はしないと決める**ことも大事だ。「特売だったから」「オマケしてくれたから」というような理由で必要以上に買っても、使いきれずに捨てることになって、かえって高くつく。そんな結果になるのがオチだ。

そのかわり、これまでより質にこだわって買うようにしよう、食料品は言うまでもなく、衣類なども「量より質」への切り替えを身につけたい。

ある程度年齢を重ねたら、数は少なくていい。自分が好きなもの、そしてできるだけ上質なものを選んで身につける習慣をつけたい。いいものは軽く温かいなど、着心地満点。しかも長持ちするから、結局はトクになる。

無用なものを買い込まないために大事なのは、**気持ちがクサクサしたり、なんとな**

**く面白くない気分のときは買い物には出かけないようにする**ことではないか。衝動買いに走る最大の要因はストレスだ。さびしさやうつうつとした気分のときは、ふだんなら手を出さない、とんでもなく高いものを買ってしまったりする。

お店の人はお客が喜びそうなこと、心に甘く響くような言葉や笑顔で近づいてくる。もちろん、お客をだまそうとしているわけではなく、それがお店の人の仕事なのだが、さびしい心はそうした言葉や笑顔にたわいなく引きよせられてしまうのである。

洋服やアクセサリーに「弱い」という自覚があるなら、できるだけ機嫌がよく、気持ちに余裕がある日以外は、そうした売り場には近づかないほうがいい。気分がいい日なら、気持ちに余裕があり、精神的に安定しているから、本当に気に入ったものにしか手を出さず、後悔のない上手な買い物ができるはずだ。

では、さびしいときや気分がふさぐときにはどうしたらいいのだろうか。そんな日には、

**花やスイーツなどを買う**というのはどうだろう。花やスイーツなら、ちょっと張り込んだとしても大きな金額にはならないし、それでいて、さびしい心をやさしく癒してくれる。男性なら、お酒が好きな人は、欲しかった銘柄の日本酒や焼酎を買ってくるという手もある。何かコレクションを始めて、冴えない気分の日には、コレクションを一つ増やすというのもいいのではないか。

知人に、奥さんに先立たれ、ひとりで老後を過ごしている人がいるが、彼はミニカーのコレクションにはまっている。もとはといえば、孫にねだられて買い始めたのがきっかけで、一台数百円のものだ。だが、珍しいものを手に入れると、その日一日、なんだかウキウキするのだそうで、気分が浮かない日はミニカーショップに足を向けることが多いとニガ笑いしている。

## 食通やおしゃれ名人になる

ときどき、仕事が早めに終わった日などに立ち寄る行きつけの店がある。そこで

「こんなふうに年をとっていきたいな」と思う老夫婦を見かけたりする。手ごろな値段で、ちょっと気の利いたものを食べさせてくれるという程度の店だが、夫婦とも、どことなくアカ抜けた服装で現れるのだ。

たとえば、先日の場合は、夫のほうはハンチングをかぶり、ジーンズに革のベスト、首には明るい色彩のストールを軽くねじって巻いている。奥さんはジーンズのロングスカートに、和服を仕立て直したような軽いジャケットをはおっている。

板さんと談笑しながら、旬の素材の料理を三、四品頼み、一つの皿を二人でつつき、お銚子を二〜三本。軽く酔いがまわってきたあたりで、「大将、また、今度」とあっさりと引き揚げていく。

食べ方も飲み方も、おしゃれもほどを心得ていて、それでいて、夫婦はそれを存分に楽しんでいるという風情がうかがわれる。

余分なものは買わないように、さびしさをまぎらわせるだけの買い物はしないようにと言ったが、反対に、こうして**自分を楽しく、心地よくするための買い物やお金なら、他を少々削っても、積極的に使う**ことをおすすめしたい。

簡素な暮らしといっても、ケチケチライフではないのである。

おいしいものは、心はもちろん、体も元気にしてくれる。「初物を食べる」「旬を食べる」、あるいは年中行事にちなんだものはちゃんと楽しむ。そんな気持ちをおろそかにしないで、毎日の食卓を味わい豊かなものにしていきたい。

おしゃれも心や体を元気にしてくれるものだ。特に、きちんとした外出着を着こなすのには、ある種の力が必要なのである。

退職後は家にいることが多くなり、特に気の張る席に出かけることが減ってくる。そうした日々を重ねているうちに、ちゃんとしたスーツを着ると肩が凝るようになったり、ネクタイが息苦しく感じるようになってしまう。

だが、老化はそうした気持ちにつけ込んで、徐々に進んでしまうものだ。外国ではオペラ鑑賞や観劇などに出かけるときには、男性も女性も目いっぱいおしゃれをして行く習慣がある。こうした服装をすると自然に背筋もピンと伸び、気持ちもしゃきっと引き締まる。カジュアルな普段着では気にならない体型の崩れもしっかりチェックできるから、だらけた心身に活を入れる効果もあるようだ。

心理学では、「**人は、見た目から得る情報で半分以上、声などから約四〇%、その他一〇%弱で、相手の印象をつくり上げる**」という。若々しい印象は、生き生きと毎日を楽しんでいる明るい人柄を印象づけるはずだ。

そうした印象をかもしだすためにも、年をとってからこそ、きちんとおしゃれをして出かける機会を積極的に持つようにしたい。幸福な人間関係づくりにおいて、見かけをすっきり整えることは、想像以上に大事なのである。

## 「マージャン、パチンコ依存症」にならないために

老後は大いに楽しんで過ごそうというのは結構なこと。むしろ、積極的に楽しみを開拓して、長い老後を充実させてほしいと願うばかりだ。だが、その楽しみが「依存症」という、とんでもない方向に進んでしまうケースもある。

最近、高齢者の間に目立って増えているのがパチンコ、マージャンなどの依存症だ。「指を動かすとボケ防止になる」といわれ、最近は地域の高齢者センターなどでも、「健康マージャン」などと銘打って、マージャンを取り入れるところが増えている。

こうしたところでお金を賭けずに楽しんでいるだけならいいのだが、そのうち、そ

の面白さに味をしめ、別の席で仲間とマージャンに熱中するようになる。ここまでもまだよいとしよう。だが、さらに進むとお金を賭けるようになる。こうなると、「健康マージャン」ではなく、完全にギャンブルになり、「不健康マージャン」になってしまう。

それも、小遣いの範囲内で楽しんでいるならいいだろう。ギャンブルの危ない点はつい熱くなり、次第に深みにはまっていってしまうところだ。

マージャンだけでなく、パチンコやパチスロ、競馬や競輪などの公営ギャンブルなど、危険なワナは身のまわりにたくさん口を開けている。六〇歳以上のパチンコ人口は約四三〇万人（日本生産性本部調べ。二〇〇九年）にのぼり、特に一年ほど前から急増しているという。平日の午後など、お客の六割以上は高齢者という店も珍しくないそうで、驚かされた。

定年退職後に時間ができて、あるいは夫を亡くし、ひとり暮らしになったことを機にパチンコ店通いを始めるケースが多い。実際、二か月に一度、偶数月の年金支給日には、いつもより多くの高齢者が詰めかけ、台の稼働率が二～三割上がるという。

ひとりでも気楽に店に入れるし、ちょっとしたスリルが不安やさびしさをまぎらわせてくれる。たまに大当たりしてハイな興奮を味わったりすると、その感覚が忘れられなくなり、「もう一回、あと一回」とますます熱中する。こうして気がつくと依存症になってしまっているケースは、けっしてマレではないのである。

依存症かどうかを見分けるセルフチェックは、以下のように行なうといい。

□毎日でも、マージャン（パチンコ）をしていたい
□もう、やめようと思うのだが、やめられない
□サイフが空になるまでやり続けてしまう
□ＡＴＭでお金をおろして続けてしまう
□家族に隠れてやってしまう
□仕事や家事など、しなければならないことをそっちのけでやってしまう

これらのうち、二つ以上あてはまる場合は、依存症と思って間違いない。

依存症はさらに進んでいく傾向が強い。このまま放っておくと、しまいには生活費に穴を開けたり、ついには借金をしてでも続けるようになってしまい、行きつく先は

生活破綻である。

ごく身近な女性が、「親しい友人に突然、一〇万円貸してくれと泣きつかれたが、どうしよう」と相談してきた。マージャンに入れ込んだあげく、負け金がつのってしまったらしい。

この友人は夫と別れ、一人息子を女手一つで育ててきたのだが、その息子が四〇歳の手前で、くも膜下出血で突然、亡くなってしまったという。つらい心情は察するにあまりあるが、そのあげくがマージャン依存症では同情の余地はない。

こうした人が身近にいたら、**お金を貸すことが友情ではない**。あれこれと声をかけ、一緒に出かける機会をつくるなど、つらい日常を温かく、やさしく支える心遣いをさりげなく示す。これが、本当の友情ではないだろうか。

## 同じところに「二日続けて」行かない

ほかにもアルコール依存症、出会い系依存症など、中高年の依存症はさまざまな形で蔓延しているといわれている。

定年が近づくにつれ、定年後の暮らしが不安でたまらなくなり、ついお酒を飲んでしまう。そのうちに、お酒が切れると、居ても立ってもいられなくなってしまい、会社のデスクのなかにも携帯用のウイスキーボトルを持ち込むようになっていた……。

定年後、家にいるようになると、奥さんは毎日のように、今日は友だちとランチ、明日は韓流スターのコンサートにという具合に、出かけてばかり。無聊《ぶりょう》をかこつばかりの夫はインターネットでヒマつぶしをしているうちに、「出会い系サイト」に行きあたった。つい、魔がさしてメールを送ってしまったら返事があり、何度かメールをやりとりしたあげく、外で会おうということになった。そして、お金を介在させた男女の交流が始まる……。

あるいはゲームセンターに入りびたり、何時間もそこで過ごすなど、明らかに常軌を逸してしまった……。

現在の高齢者の間には、そんなケースが枚挙にいとまがないというのだ。

「退屈なときだけだから、自分は大丈夫」「深入りするつもりはないから、心配はいらない」。そういう人もいるだろうが、**依存症の人も一〇人が一〇人、初めはそのつ**

**もりであったことを忘れてはいけない。**

依存症にならないようにするには、単純なようだが、「同じところに二日続けて行かない・やらない」をまず鉄則にするといい。週に一度とか、二度と決まりをつくり、使うお金も「一回三〇〇〇円」などと制限枠を決める。一度でもそれを守れなかったら、その月はもう行ってはならないと、自分に対する罰則を設けるといいと思う。もちろん、**罰則は厳しく実行する**。

もっとも、それを守りきれないのが依存症の特徴でもあるのだが……。そのことを自覚して、実行していただきたい。

いったん依存症になってしまうと、自分だけでは脱け出すことは難しい。精神科でカウンセリングを受けるとか、依存症患者のグループなどに参加し、お互いに励まし合って、徐々に依存症を乗り越えていくようにしなければならないケースが多いようだ。アルコール依存症などでは施設に入所し、絶対にアルコールが手に入らない環境に身をおくなど、専門家のサポートが必要になってくる。

## やたらにモノをあげたがるのは、「うつ予備軍」

「私はマージャンもしないし、パチンコもしない。だから、依存症とは無縁だわ」と言う人もいるだろう。だが、出かけた先で「あら、これ、××さんが好きそうだわ」などと言ってはちょっとしたものを買い込み、やたらに人にあげたりしていないだろうか。こうした「あげたがり症候群」の人も一種の依存症と言えるのである。たえず、誰かを感じていないとさびしくてたまらないのだ。その気持ちが昂じていくと、「うつ」になってしまうこともあるから、気をつけてほしい。

人にモノをあげるのは悪いことではない。だが、自分はいつも人のことを気にかけている、そのうえ気前がいい、とってもいい人だという思い込みはないだろうか。

もちろん、そうした考えも間違いではないが、「あげたがり症候群」にはもっと根深い心理が隠されている。**人から好意を持たれたいという思いが強過ぎる**ことが多いのである。自分では気がついていないかもしれないが、モノで人の心を引こうという心理が働いている場合が多い。

だが、何かをあげれば、「もらう理由もないのに悪いわ。いずれ、お返しをしなければ」という心の負担が相手に残る。「あげたがり」の人は、その思いとはウラハラに、結果的には人が離れていきがちなのだ。皮肉なことである。

老後になると、若いときと違って、我慢してまで人とつき合うのはしんどくなる。**「君子の交わりは淡きこと水のごとし」**というが、老後はますます君子度が求められると言えるだろう。お互いに気持ちの負担がなく、淡く軽やかで、さわやかなつき合いのほうがずっと心地よく、その結果、つき合いは長く続いていくようになる。

もし、出かけた先で、「あ、これ、××さんが好きそうだわ」と思ったときには、××さんが心に浮かび上がってきた証拠だと考えよう。そのタイミングを逃さず、電話をしたり、メールを入れてみるのもよいのではないか。うまく話がまとまり、近いうちに食事をしたり、お茶をする約束ができれば最高なのだ。

食事やお茶、お酒の席はもちろんワリカンにする。若い世代はおごってもらってラッキーとなるのかもしれないが、**シニア世代はおごってもらうと、ちょっと気持ちが重くなる**傾向のほうが強い。

相手の誕生日だとか、孫が生まれたからなどと、おごりたい理由があるときには、席を立つ前に、「今日は、オレにお祝いさせてくれよ」などと話しかけるようにしたい。逆にそう言われたら、喜んでおごってもらうのも、気持ちがいいつき合い方だ。何かの折に、今度は自分が「おごられる」側になればいい。

特に、自分のほうが経済的に余裕があると思われる場合ほど、ワリカンを心がけ、**貸し借りのない気持ちでつき合うことが相手に対する心遣い**になる。ここを見誤らないことも大事なポイントである。

## 毎日、誰かと「ナマトーク」

毎晩、夜になると誰かの声が聞きたくなる。しかも、いったんしゃべり出すと、一時間も二時間も話し続ける。こうした**度を過ぎた電話魔、長電話グセのある人の心の底には、耐えがたいほどのさびしさが潜んでいる**ことが多い。

メールは相手がいつでも都合のいいときに読むことができ、双方にとって本当に便利なものだ。最近は、シニア世代もけっこう携帯電話を使いこなすようになり、子どもや孫との交流も携帯メールでという人も少なくないようだ。友だちとも、ふと気づくと、電話ではなく、携帯メールのやりとりですませることが増えてきた。そんな人もいるだろう。

こうして、子どもや孫、友だちともそれなりに交流はある。だが、毎日のように、無性に人恋しくなり、つい電話機に手がのびてしまう。

それも当然なのだ。メールでは必要な用件はしっかり伝わるが、人とのコミュニケーションにいちばん大切な、ぬくもりとか息づかいなどが伝わってこない。絵文字を使ったり、カラフルに飾りを入れたり、それなりの工夫はしても、やはりナマの会話のやりとりとは次元が違うのである。

誰かとナマで触れ合いたい。**誰かとナマの会話をしたいという気持ちは無理やりねじ伏せないほうがいい。**そういう気持ちを素直に表し、たとえ、見知らぬ人でもかまわないから、一日に一回ぐらいは、ナマの会話を交わすようにすればいいのである。

とはいっても、ひとり暮らしだったりすれば、誰と話せばいいのかと言いたい人もいるだろう。だが、その気になれば、話し相手はいくらでもいるはずだ。

ひとり老後の知人は、できるだけ八百屋とか魚屋など個人商店で買い物をするようにしているという。買い物をしながら、ちょっとした会話を交わすのである。

「この魚、どんな料理にするとおいしいの?」などと話しかければ、「甘辛く煮付けるとうまいよ」などという返事がある。こうした会話を交わすようになると、次第にその店の前を通りかかっただけでも、声をかけてくれるようになる。

最近、下町人気が高まっていると聞く。その理由の一つには、下町に残る人情味あふれる商店街は店の人が盛んにお客に声をかけ、高齢者ばかりでなく、都会で暮らす若者の心にも温かなぬくもりを伝えているから、ということもあるのではないだろうか。

病院に行ったときも、長い待ち時間を黙って座っているのではなく、さりげなく隣の人に「今日は混んでますねぇ。まだ、だいぶ待つことになるのでしょうか」などと話しかけてみるのもいいかもしれない。

**話しかける相手は同年輩の人を選ぶ**。このとき、「ええ」などとそっけない返事であれば、相手は見知らぬ人と話すのが苦手なのだと考え、それ以上は話を進めない。だが、「そうですねえ。いい先生なんですけど、混むのがタマにキズ」と笑い返してくるような場合は、相手も誰かと会話を楽しみたいと思っているのだと考えられる。しばしの間、何かしらの会話を交わしてみよう。当たりさわりのない世間話でも、ナマのトークは心を明るく引きたててくれるものだ。

日本語には、こんな日の別れぎわに使ういい言葉がある。「**ご縁がありましたら、また……**」である。「袖すり合うも……」という言葉は前に紹介したが、道行く人と袖が触れ合うことさえ前世からの宿縁によるという。だとしたら、出先で隣席に座るなど、よほどの深い縁だと思えてくる。

「また、ご縁がありましたら……」という挨拶はそうした縁を思わせ、人間関係の深い味わいを伝える言葉だ。本当に「ご縁」があり、二度、三度と顔を合わせるうちに、病院の帰りに一緒に食事をするようになるなど、新たな人間関係に発展する場合もあるようだ。

一言、話しかけたことがきっかけになって、食事を一緒にするような仲になる。ナマの会話には、人と人との縁を取り持ち、関係を深める力があるのだ。

## ひとり老後は「孤独ではなく気楽で自由」

ちょうど同じころに、ひとり老後になった知り合いが二人いる。ひとりは「毎日、孤独なの。心細いやらさびしいやら」と口を開けば嘆き節である。もうひとりは「ひとりって本当に気楽で自由なのよ。昨日も夕方から、映画を観に出かけてしまったくらい」といつも明るい笑顔で話す。

二人のどちらと友だちになりたいかと聞かれれば、一〇人が一〇人、後者と答えるだろう。前者と一緒にいれば、こちらの気分まで暗く沈んでしまうが、後者と一緒なら、こちらまで元気で明るい気分になれるからだ。

どんなことにも明るい面と影の面の両面がある。この二人を例にとれば、実態はおそらく、同じような暮らしではないかと思われるのだが、前者は、影の面を先に見る傾向が強く、後者は反対に、ものごとを明るい面から見る傾向が強い。その違いがまったく違った言葉を引き出すのである。

しかも、その違いはさらにどんどん拡大していき、前者のような人はしばしば孤独感から心の病に進んでしまうことになる。一方、後者のような人は同じ状況にあっても、心が折れたり、崩れたりしにくい。

こうした違いは、生来の性格によるものだと考えている人もいるだろうが、それは考え違い。性格の違いはゼロではないが、**影の面からとらえるか、明るい面からとらえるかは、いわば心のクセのようなもの**だ。

そして、そのクセは、少し気をつけていれば、あんがい簡単に変えられる。心は想像以上に柔軟なのである。

もし、「自分は、影の面からとらえる傾向がある」という自覚があるようなら、しばらく意識的に、ものの見方や表現法を明るく明るくするよう努力してみよう。

朝、起きたら風邪気味だった。そんな場合も、「風邪をひいたらしい。憂うつだなあ」ではなく、「風邪気味かな。よかった、この程度ですんで。これ以上こじらせないようにしよう」と明るく気分を切り替えてしまう。

一事が万事。この調子で、いつもポジティブにとらえ、ポジティブな言葉を使うようにしていると、いつでも、ものごとを明るい面からとらえるクセが身につき、いつの間にか、明るい言動の持ち主に変わっていけるものだ。

## 「晩婚・老婚」ウエルカム

長いことナースとして働いてきた女性から、ハガキが届いた。先ごろ、リタイアし、今後は在宅看護師として働くのだと張り切っていたから、その挨拶状かと思ったら、見慣れた彼女が白のドレスを着て微笑んでいて、かたわらには白髪の男性が寄り添っている。

文面を読むと、「このたび、結婚しました」とある。「結婚するヒマもなかったわ」が口グセで、シングルで仕事一途に生きてきた女性だった。六五歳の退職の日を待っての結婚だったのだろう。

「そうか、六五歳の花嫁か」と写真に見入った瞬間、「よかった。本当によかったなあ」と思いがけないほどの感慨がこみ上げてきた。

もともと、一般にいう結婚適齢期とは、子どもをつくったり、育てたりすることから割り出されたものだ。だが、結婚の意義は子どもをつくることだけではない。長寿時代、人生の晩秋になってから、ただ二人で一緒に生きていきたいと願う、そんな結婚もまた格別のものではないだろうか。

最近は晩婚化、非婚化が進んでいるというが、まだまだ答えは出ていない。今後は、老いの気配が近づいてきたころに、どちらからともなく寄り添っていくような、そんな結婚が増えるかもしれない。

ひとり暮らしも悪くはないが、私などはやはり、二人でいるほうが楽しいと思うクチだ。特に、食事時はしみじみとそう思う。**「おいしいね」と言える相手がいるのと、心のうちで「おいしい」と思うだけで黙々と食べるのでは、おいしさが何倍も違うよ**

うに思えてしまうのだ。

どちらかが、あるいは双方が離婚経験者で、子どもがいる場合などには、子どもとの軋轢《あつれき》を心配する人もいるかもしれない。だが、子どもといっても、それぞれもう大人になっているのではないだろうか。親は親で、幸せに楽しく暮らしてほしいと願っているはずだ。

それに、子どもから見ても、高齢の親がひとりで暮らしていれば何かと気がかりだが、好きな人と一緒にいてくれれば、そのほうがずっと安心できるのではないだろうか。

もし、遺産分配についてあれこれ気をまわしているようなら、「親のものは親の代で使いきる」と子どもに明言するのもいいだろうし、結婚前にある程度を子どもに生前贈与してしまうという考え方もあるだろう。遺産相続のトラブルが起こらないようにするために、事実婚という選択肢もある。

楽しい時間を共有しながら生きていきたいという相手と出会えたら、「いまさら、この年で……」などとためらわず、手を取り合って一歩を踏み出せばいい。

幸せに向けてスタートするのに、遅過ぎることはないのである。

# 第5章

いつまでも元気な体をつくる！

# 健康になる「食べ方」「体の動かし方」の秘訣

## 老後にこそ欠かせない「体重計」

久しぶりのクラス会では、開口いちばん「太ったなあ」「いやあ、お前も貫禄十分じゃないか」などという会話があちこちで交わされることが多い。女性はさすがに、はっきり口には出さないが、心のなかでは同じようなことを思っているのではないだろうか。

中高年になると、代謝エネルギーも運動量も落ちてくる。一方、食べるほうは、次第に口が肥えてきて、おいしいものを口にする機会が増える。人間は、甘いもの、脂肪分の多いものをおいしいと感じる傾向がある。おいしいものに目がなくなると、どうしてもオーバーカロリーになりやすい。そうしたことを合わせた結果が、若いときよりも、ひとまわりふくらんだ体型なのである。

中高年になってから体重が増加すると、心臓疾患や高血圧、糖尿病などの生活習慣病にかかりやすくなることはよく知られている。中年期以降に体重が五キロ以上増えると、変化が少ない人に比べて、死亡リスクが高くなるという研究結果もある。

一方、急激な体重減少も問題で、同じく**中年期以降、体重が五キロ以上減った人の死亡リスクは五キロ以上増えた人よりも高い**。つまり、中年期以降こそ、体重管理に努めることが大切ということだ。

人生にはいろいろな楽しみがあるが、それを満喫するために欠かせない条件は健康だ。健康を維持するための基本として、毎日、体重を計り、大幅な体重の増減が起こらないようにセルフチェックを怠らないようにしたい。

体重を計る習慣がない人は、明日といわず、今日から一日一回、必ず体重計にのり、その結果を記録するようにしよう。体重計は五〇グラム、または一〇〇グラム単位で計れるデジタル式のものを選ぶといい。

「計るだけダイエット」という減量法があるが、毎日、体重を計っていると、微増・微減の段階で調整しようとする思いが働くので、結果的に、大幅な増減を食い止められる。

体重は日内変動があるので、毎日、だいたい決まった時間に計るようにする。一般に、朝の体重のほうが軽く、人によっては夜の体重と一キロぐらい違うこともある。

## 歩数計で「一日の運動量」をチェックする

中高年期になったら、もう一つ、歩数計も必須アイテムだ。体重増加を招く理由は食べ過ぎだけではない。ほとんどの場合、運動不足が大きな原因になっていると言っても過言ではない。

ハーバード大学医学校の研究によると、平均五四歳の標準的な食習慣を持つ三万四〇七九人の健康な女性を一三年間追跡調査した結果、一三年間にわたり、**正常体重を維持することに成功した女性は、平均的に一日あたり約六〇分の適度な運動をしていたことがわかった。**適度な運動とは、心拍数が増えるような活発なウォーキングやサイクリング、水泳などをいう。

アメリカでは、「健康を維持するためには一週間に一五〇分以上、適度な運動をするように」と推奨されているが、体重を維持するためには、これでは足りないとわかったのだ。

スリムで引き締まった体でいることは内心けっこう誇らしく、精神的にも晴れやかである。そこで登場するのが、歩数計というわけだ。散歩やウォーキングのときだけでなく、ふだんも歩数計をつけていて、一日の運動量をおよそでいいから把握するようにしよう。

老後の健康を守るためには、体重管理や毎日しっかり体を動かすことが大事だということは、誰もがちゃんとわかっている。でも、わかっていても実行できない。だが、体重計や歩数計は食べ過ぎていないか、運動量はどのくらいかを数値化し、目に見える形で自分に突きつけてくる。

**体重の増減をグラフにしたり、歩数計が一万歩を超えた日はカレンダーに赤丸をつける**など、「見える化」をさらに進めると、いっそう食事量、運動量のコントロールがしっかりと身についていくはずだ。

理想の波形を描く（体重が増えない）グラフや赤丸が増えていくのを見ていると、気持ちまでどんどん元気に、明るくなってくる。

## 「リズミカルな運動」は、うつに効果的

女性は更年期など体の変調時前後、男性は定年退職が近づいてきたり、実際に退職するなどの環境変化などを受け止めきれずに、うつになることがある。

うつは気持ちがどうしようもないほど落ち込んだり、何に対しても積極的に心が動いていかない状態になるなどが特徴だ。でも最近はこうした精神的な症状よりも、息苦しさや胃痛、頭痛などの身体症状が目立つ新型うつが増えて、注目されている。

新型うつは、落ち込み、無気力感などの精神症状は比較的軽いことが多く、一方で、**とにかく疲れやすく、やる気を失うことから記憶力も衰える**場合がある。そのため、認知症と間違われ、悩む人もいるが、「本当にボケていたら悩むこともない」ので安心してほしい。

この新型うつには、特に、運動が効果をもたらすことがわかってきている。もともと、うつ症状と関わりが深い脳内物質の**セロトニンは、一定のリズム運動によって活**

**性化する**特性がある。たとえば、ウォーキングをする場合でも、「1、2　1、2……」と頭のなかでしっかりリズムを取りながら歩くというように、リズムを意識した運動をおすすめする。

軽快な音楽に合わせてするラジオ体操も、うつ改善効果への期待大だ。セロトニンは太陽の光を浴びるといっそう活性化するといわれている。朝の公園や駅前広場で、高齢者などが集まり、ラジオ体操をしている光景を見かけることがあるが、そんな場が近くにあるなら、ぜひ参加するといい。

朝いちばんの気持ちを元気にして一日をスタートすれば、一日中、明るくハッピーな気分で過ごせるのではないだろうか。

## 意外と知られていない「栄養バランスを調える」外食

成長期の子どもがいたときは、栄養のバランスに気をつけていたものだったが、高齢者だけの食卓になると、つい毎日、好きなものだけを並べるようになっていく。「もう、好きなものを好きなように食べればいいんじゃないか」という気持ちもわからないではないが、ふと気がつくと、この一週間、肉を一度も食べていなかったり、反対に、魚が登場しないということも珍しくなかったりする。

好き嫌いがあるなら、食卓に小さなノートを置いて、食べたものをチョコチョコとメモして、一週間に一度ぐらいざっと見直し、食生活のバランスをチェックするといいと思う。

ひとり暮らしの高齢者などに、週二～三回、お弁当を届ける配食サービスを行なっている自治体がある。こうしたサービスは、高齢者の栄養バランスの偏りを補いながら、届けたときの対応から、高齢者の健康状態や精神状態をそれとなくチェックする目的も含まれているそうだ。サービス利用条件にあてはまるようなら、**配食サービスを受ける**こともおすすめしたい。

自分では、栄養バランスに気を配った食事までつくる自信はない。でも、住んでいる自治体では充実した配食サービスがない、あるいは、自分はその対象にあてはまらないという場合には、民間の宅配食事サービスを利用する方法もある。

俳優の仲代達矢さんは、十数年前に奥さんを亡くし、現在はひとり暮らし。自炊では食事がおろそかになりがちだと、宅配食事サービスを利用しているそうだ。七〇代という年齢を考えて、仲代さんは糖尿病ではないのだが、糖尿病患者用のメニューを選び、カロリーオーバーにならないようにしているという。

外食の機会には、あえて苦手なもので食べやすそうな調理法のものを選ぶようにして、栄養バランスをとっている知人もいる。ご主人を亡くし、もう二〇年以上ひとり暮らしを続けているEさんは魚が苦手。でも、**魚には血液をサラサラにする不飽和脂肪酸が多く含まれている**ので、最近はできるだけ魚を食べるようにしている。

その方法がちょっと面白い。外で友だちと一緒に食事をするときには、あえて魚を食べるというのだ。イタリアンなど調理法が違えば魚もおいしいと気づき、また、一緒に食べる友だちがいれば、おしゃべりがスパイスになってさらにおいしくなるから、ふだんは苦手な魚もおいしく食べられるそうである。

別のひとり暮らしの男性は、ときどき、いわゆる定食屋に入る。さばのみそ煮にきんぴらごぼうなど、彼の手に余る料理を気軽に食べられるからだ。しかも、値段も安い店が多い。彼の行きつけの店は全メニューにカロリーが明示してあり、それを手がかりに、最近では、ふだんの食事のカロリーもだいたいわかるようになってきたと、ちょっぴり自慢している。

## 「マゴワヤサシイ」が体に効く理由

バランスのいい食事をとりたいが、栄養のことはわからないという人もいるだろう。特に男性は、最近、急増殖中の〝料理男子〟でなければ、栄養バランスについては自信がないという人も少なくないと思う。

でも、安心してほしい。栄養バランスをチェックする簡単な目安があるからだ。キーワードは「マゴワヤサシイ」。つまり、一日の食事を通して、以下の食品をクリアするように気をつけていればいいのである。


「マ」：マメ類。納豆、豆腐、エダマメ、煮豆、きなこ、おから、ゆばなど。

「ゴ」：ゴマなどの植物性油脂。いちばん簡単なのは**炒りゴマやすりゴマ**を常備しておき、おひたしやみそ汁は言うまでもなく、サラダやうどん、そばなど、何にでもひとさじ加えて食べる習慣をつけてしまうことだ。

「ワ」：ワカメなどの海藻類。のり、コンブ、ヒジキなど。口さみしいときには、コンブのスナックを口にするようにすれば、カロリーも低く、しかもヨウ素などの栄養素も摂取できる。ヨウ素は甲状腺ホルモン合成に必要な成分で、人にとって必須元素である。**海藻類を食べなくなると、ヨウ素不足から甲状腺異常になりやすくなる**ので注意したい。

「ヤ」：野菜。生野菜は見た目はたっぷりに見えても、実はそうたくさん食べていないことが多い。煮たり蒸したり炒めたりして、野菜のウエイトをもっと高めよう。

「サ」：サカナ。特にイワシ、サンマ、アジなどの青み魚を積極的に食べるようにしよう。みそ汁をつくるときも、できるだけ**煮干しからだしを取る**ようにしたい。

「シ」：シイタケなどきのこ類。シメジ、エリンギ、エノキダケなどをストックしておき、みそ汁、炒め物、鍋などには必ずきのこを入れるといい。

「イ」：イモ類。**イモに含まれる澱粉は脳の栄養分である糖分の補給源**になる。繊維質も多く、便秘予防にも効果を期待できる。


「マゴワヤサシイ」と口ずさみながら食卓を点検していると、気分までヤサシクなってくるから不思議である。このヤサシイ気分で食べれば、食事はいっそうおいしく楽しいものになるだろう。

## 我が家の名湯で「冷えない体」をつくる

近年、日本人の平均体温が下がってきているという。この五〇年で、約一度低下したという説もあるほどだ。

体温が下がると、生命活動を維持するために体内で働く酵素の活動が鈍くなるといわれ、また自律神経の働きも低調になるため、免疫力が低下してしまう。カリフォルニア大学のダニエル・セスラー医師によれば、**平均体温が一度下がると、免疫力は約三七%ダウンする。反対に一度上がると、免疫力は約六〇%も活性が増す**そうだ。

以前から、冷え症の女性は不定愁訴に悩まされがちだといわれていたが、冷えは精神の働きとも深い関連性があると考えられる。実際、「体を温める」生活習慣を取り入れたところ、うつ症状が改善したという報告もある。

このように、体温低下は心身の健康にマイナスなのだが、体温は加齢とともにだんだん低くなってしまう。加齢により、熱産生と体温調節機能が低下するために、それまでの体温を維持できにくくなるのだ。中高年になったら、日ごろから、意識して冷えない生活習

慣を守るようにし、体温の低下を防いでほしい。

「冷えは女性のもの」という思い込みもいけない。最近は、男性にも冷えは多いことがわかってきたのである。

男性の冷えはホテリや汗っかきなど、一見すると冷えの対極にあるように見えるのが特徴だ。だが、**ホテリや汗っかきは体温調整がうまくいっていない証拠であり、体の芯は冷えている**と考えられる。

冷えをなくす生活習慣を取り入れたいのなら、なんといってもお風呂でゆったり温まるようにすることだ。シャワーの普及で、なかには「冬でもシャワーだけですよ」と得意顔の人を見かけることがあるが、シャワーは汚れを落とすだけ。体を温めるという入浴のもう一つの目的は果たせない。

体を温める入浴法のコツは「ぬるめにゆったり」。自分は冷え症だという自覚がある場合は、**四〇度ぐらいの湯に、三〇分〜一時間つかると体の芯まで温まる**ようだ。夏の暑い季節などは、おへそから下だけ湯につかる半身浴がおすすめである。

ドラッグストアに行くと、全国各地の名湯のエキスをパックにしたものが並んでいる。それらを買ってきて、「今日は箱根の湯」「明日は草津温泉」などと、毎日、我が家で名湯気分を味わうのも楽しいではないか。名湯につかりながら、その土地の民謡などを歌ってみるのも、のんびりする。

ショウブ湯、ゆず湯など年中行事にちなんだ習慣を取り入れて楽しんだり、閉店間際に見切り価格でバラの花を売っていたらまとめ買いし、バラ湯で贅沢な気分にひたるのもいいだろう。

こうした工夫でお風呂を楽しいリラックスタイムに変えてしまうと、結果的に長湯になり、心と体の健康アップ効果が期待できるはずだ。

## 疲れたなと思ったら、「すぐに休む」

学生時代からの登山好き。五〇代に入ってからも、三連休にはだいたい山に向かってしまうという友人がいる。原則として単独行である。雪のある季節にも入山するから、ある日、「そろそろ山は控えたほうがいいんじゃないか。もう若くはないんだから」と口を出したことがある。

すると、彼はちょっと胸を張るようにして、こう言った。

「まだ、大丈夫だと思っているんだ。オレは絶対に無理しないから。ひとりのほうがいいのはマイペースで登れるからなんだ。疲れたと思えば、すぐに休めばいいんだよ。人と一緒だと、つい相手のペースに引っ張られるからな」

これを聞いて、私は、「彼なら大丈夫だ」と安心した。**休むタイミングを心得ていれば、疲れは蓄積しにくい**。疲れのコントロールができれば、たいていのことはうまくいくのである。

誰だって、年とともに、体力も集中力も持続力も落ちてくる。このスローな下りカーブとどう向き合うか。それが上手な年のとり方と言えるだろう。

コツは簡単だ。疲れたらちゃんと休んで、すぐに疲れをほぐすことだ。間違っても、がんばり過ぎて、疲れをためてしまわないようにしよう。

加齢とともにパワーが落ちてきた分、だんだん疲れやすくなってくる。以前なら一時間は歩き続けられたとしよう。だが、一〇歳年をとったら、一時間歩き続けるのはちょっときついかもしれない。だったら、五〇分間隔で小休止をとればいい。それさえわかっていれば、いつまでも好きなことを存分に楽しめるだろう。

たとえば、分厚い本を読む場合や、根を詰めて仕事をする場合も同様だ。面白い本に出会ったりすると、先へ先へと気持ちが逸《はせ》るのもよくわかる。だが、残念ながら老眼である。しばらくすると目が疲れてくる。目だけでなく、脳も疲れを覚えているはずだ。こうした兆候を感じたら、その段階でひとまず本を置き、おいしい紅茶でも淹《い》れて一休みするようにしよう。

成熟した人間の脳の集中力の限界は、およそ九〇分といわれている。大学の講義時間が九〇〜一〇〇分であることが多いのは、これを基準にしているからだ。だが、小学校では授業時間は五〇分程度だったはず。脳が発達途上だったからだ。

老後はこれと反対の現象が起こる。もちろん、一気に小学生並みに下がるというわけではないが、脳の力はピークアウトしているという自覚は持っているほうがいい。まじめ第一でやってきたシニア世代のなかには、「休むこと」イコール「怠けること」と思っている人が多い。疲れを認めることは、自分に負けることだと考えている人もいるから困ってしまう。

休憩は怠けることではない。**その先もその行動を続けていくために態勢をリセットし、エネルギーを再注入すること**だと考えよう。

本を読んだり、調べものなど脳が疲れやすい作業をしているときには、休憩タイムにチョコレートなど甘いものを一口補給するといい。**ブドウ糖は脳の働きを支える唯一のエネルギー源**なのである。日本でも、お茶受けには小さな菓子のような甘いものを添えることが多いが、まことに理にかなったものなので、あらためて古人の知恵に感服させられる。

さらに、甘いものは心も幸せにしてくれる。幸福感を得ると、脳にはアナンダマイドという、やる気を湧き立たせる働きがある脳内物質が分泌され、新たなやる気が湧いてくるだけでなく、疲れもとれる。

## 昼寝はいちばん「贅沢な睡眠」

「最近、朝早く目が覚めてしまって」と言う人がいるかと思えば、「夜、なかなか寝つけなくてねえ」と言う人もいる。こうした話の頭に、「年をとると」とつける人が多いことが物語るように、年齢とともに睡眠は変化していく。体内時計が加齢変化を起こすためで、**睡眠を支える生体機能リズムが前倒しになり、朝早く目が覚めるようになっていく**のである。これは、病気ではないので、特に気に病む必要はない。

寝つけない悩みのほうは、退職したり、家事に手をとられることが減ってくるため、まだ眠気がさす前に、「もう、寝ようか」と床につくようになることが大きな理由だと思われる。一般的に、老後は自由な時間がたっぷりあり、体も頭もそれほど疲れていないことも、寝つきの悪さを助長しているのではないだろうか。

加齢による睡眠の変化で、もう一つ顕著なのは、眠りが浅くなることだ。

睡眠中の脳波を調べてみると、**年齢が上が**

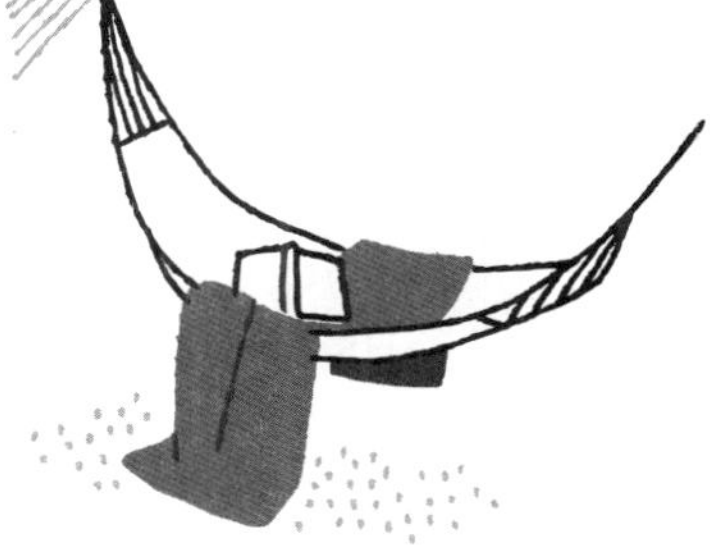

**るにつれて、深い眠りであるノンレム睡眠が減って、浅い睡眠であるレム睡眠が増えるようになる。**そのため、ちょっとした物音や尿意などで目が覚めてしまう。夜中に何度も目が覚めて起き出す。起き出さないまでも目が冴えてしまい、ベッドのなかでもんもんとした時間を過ごしたりする。

睡眠時間そのものも減る傾向があり、国立精神・神経医療研究センターの調べでは、五〇代前後では若いときより三〇分ぐらい、七〇代になると若いときより一時間以上、睡眠時間は短くなる。それなのに、ベッドにいる時間はそう減っていない。その分、眠れないという感じが残るとも考えられる。

体内時計が変わり、血圧、体温、ホルモン分泌など睡眠に関わる機能も変わるので、若いときと同じような睡眠を望んでもムリと思ったほうがいい。睡眠について悩みがあるならば、年齢に合わせた睡眠の取り方を工夫してみよう。

毎日、決まった時間に仕事に出かけなければならない場合はそうもいかないだろうが、退職した人なら、「眠れるときに寝て」「眠れないときには起きている」とごくシンプルに考えればいいと思う。

夜中に目が冴えてしまったら、録画しておいたテレビ番組を見たり、音楽を聴くのもいいだろう。朝、早く目が覚めたら、早朝の街を一回りしてくるのもいい。

こうして、自分の好きなように時間を使う。これが、老後の醍醐味だと言えるのではないか。

眠れないという悩みを訴える人には、私はよく、「お昼寝をなさったらどうですか」とすすめている。睡眠不足で眠い感じがあるのは、脳に睡眠物質がたまっているから。**三〇分でも一時間でも昼寝をすると、この睡眠物質がごっそり減り、睡眠不足の感じはすっきり解消されるはずだ。**

「世の中の　重荷おろして　昼寝かな」と正岡子規は詠んだが、みなが働いている時間に眠れるなんて、最高の贅沢ではないか。

## 「利き腕でないほう」を使って脳トレをしよう

一時、脳トレが大ブームになり、脳トレができる機器が順番待ちしなければ手に入らないほどの人気になったことがあった。そのころは「脳トレなんて意味ないさ」といって見向きもしなかった友人が、あるときから急に脳トレに凝り出した。一緒に飲むときも、わざと利き腕でないほうの手を使ってビールを飲んだり、酌をしてくれたりする。

「利き腕でないほうの手を使うと、ふだん使っている脳ではないほうの脳を鍛えることができるから」と大真面目な表情で語るのだ。

人間の脳は右脳と左脳に分かれていることはご存じだろう。左脳は言語や論理的思考などをつかさどり、右脳は直感や音感、空間意識などをつかさどる。また、右脳は左半身、左脳は右半身をコントロールしている。

友人が「ふだん使っていないほうの能力を目覚めさせたい」と思ったのは、テレビのドキュメンタリー番組を見たことがきっかけだった。

アメリカの女性脳科学者ジル・ボルト・テイラー博士は三七歳のとき、脳卒中で倒れ、左の脳の機能が冒されてしまった。脳の神経機能は原則として再生しない。テイラー博士はリハビリ訓練などで残された神経細胞を最大限使いこなすようになり、その結果、ほぼ発作前と同じような生活ができるところまで回復した。

さらに驚いたことに、テイラー博士は、**発作前には不得意だった絵を描くことなど、**

**芸術的な活動が明らかに発作前より巧みになった**のである。番組では、テイラー博士が描いた発作前の絵と、リハビリ訓練後の絵を見せていた。発作前の絵は稚拙で味もそっけもなかったが、リハビリ後の絵はプロの画家が描いたように巧みで、味わいも深い絵だった。

「損なわれた左脳の働きを補おうとして右脳がより活性化したため、右脳が本来持つ芸術的な働きも進化したのではないか」と博士自身が分析していた。

この感動的な番組を見た友人は、**脳はトレーニングをすればするほど、働きが高まる**ことを素直に信じるようになった。そして、ふだんは右利きで、左脳をより多く使っているから、お酒を飲むときにグラスを持つ手を左に変えるなど、利き手でないほうも使うようにし、右脳・左脳をバランスよく働かせようと努力しているというわけである。

「どうせなら、箸も左手で持ってみたらどうだ?」と突っ込んでみたら、「そこまでやると、ストレスを感じるようになるんじゃないか」とあっさりかわす。自分を追い込んでしまっては元も子もないと、ちゃんとわきまえているのである。もともと明るい性格の彼は、左手を使うことも、まるでゲームのように楽しんでいる。

脳トレをするなら、遊び感覚で楽しむことが肝心だ。楽しんでいるとき、脳はいちばん生き生きと働くからである。

## 世にも幸せな「リベンジ」？

テイラー博士の話はその後、手記にまとめられ、日本でも『奇跡の脳』（新潮社）というタイトルで出版されている。

人生には、こうした思いもかけないことに遭遇するケースがある。老後はその可能性が大きくなるということは、認めざるを得ないだろう。

どんな運命が襲ってきても、そこからどう生きていくか。ある意味で、それからの生き方こそが、その人の真の価値を示すと言えるのではないだろうか。

テイラー博士の奇跡の回復はリハビリのすばらしい力を示すと同時に、人間はどんなところからでも再び立ち上がれることも示している。人間には、まだまだ計りしれない力が潜んでいることも確信できる。

糖尿病の合併症で一日おきに透析を受けている知人がいる。透析は、雨が降ろうが槍が降ろうがサボれない。医療技術の進歩で、以前と比べると雲泥と言いたくなるほどラクになってきているが、それでも透析はほぼ半日、ベッドに横たわったままでいなければならない。一日の水分摂取量はコップに約三杯ほど。これは食べ物に含まれている水分も込みだから、飲める量はさらに少ない。

だが、彼も奥さんもけっしてその運命にグチを言ったりしないのだ。

「いまは透析を受けていたって、海外旅行だってできるのよ」とめっぽう明るい。

「透析までして生きているんだもの、その分、人の倍も三倍も楽しまなくっちゃ不公平だわ」というのが彼らの考え方なのである。

実際、二人は国内旅行はもちろん、海外旅行にも出かけていく。一日おきの透析はどこにいても欠かせないから、旅の予定も一日おきだ。間に必ず透析病院の予約をしておく。国内は言うまでもないが、海外でも都市部であれば透析の施設はあり、大使館などを通じて手配できる。

人よりちょっと手間と時間を要するだけで、だいたいのことは楽しめるのである。

アメリカの作家カルヴィン・トムキンズの『優雅な生活が最高の復讐である』（日

本語訳・新潮社）には、彼の息子が余命いくばくもないと医者から宣告されたとき、残された日々をできるかぎり楽しんで過ごしたことなどが書かれている。**どんなにつらい運命が襲ったとしても、そのなかで最高に幸せに生きられれば、それが運命への復讐になる。**彼はそう考えたのだ。

予期せぬ病気などで思うようにならないことが起こっても、できるだけ楽しいこと、愉快なことを追いかけていこう。楽しむことが運命へのリベンジだなんて、考えただけでも、なんだか心が浮き立ってくるではないか。

## タバコが手放せないなら、しみじみと「味わって吸う」

何回も禁煙しようとしたのだが、仕事先などで下げたくもない頭を下げた後などに、ついタバコに手がのびてしまった。一口吸ってしまえば、それまでの禁煙努力は水のアワ。結局、また喫煙族に逆もどり。そして、また禁煙を決意する……。こうしたサイクルを繰り返してきた人も少なくないはずだ。

だが、モノは考えようである。禁煙、禁煙とプレッシャーを感じているくらいなら、「タバコはやめません」と腹をくってしまうのも一つの考え方ではないだろうか。はっきり言ってしまえば、この年齢までタバコを吸ってきたのだから、いまさらやめても手遅れの感があるのも否めない。

そう思うくらいなら、いっそ、タバコをおいしく楽しんでしまえばいいのである。どうせなら、**心の底から「うまい」と思って吸う**ことだ。「やめなければ」「やめなければ」と罪悪感を持ちながら吸うのと、「うまいなあ」と楽しんで吸うのでは、心に与える影響がまるで違う。**「やめなければ」という思いのストレスのほうがマイナスが大きい**ことも考えられよう。

さらに「うまいなあ」と思えるように、タバコを吸うのは目標がクリアできたときとか、夕食が終わった後だけとか、次第にシチュエーションを限っていくようにしよう。あるいは、タバコを最初から半分に切っておく。こうすれば、タバコを手にとる頻度は減らせなくても、実際の喫煙量は大きく減らせる。

禁煙のストレスがきついという人は、まず上手に、そしてハッピーな減煙ができればいいというくらいまで、ハードルを下げてみることだ。

そして、その一服を心から楽しんで吸う。
ただし、まわりには迷惑をかけないように、家族が嫌がるならテラスや庭で吸う。こうした配慮を欠かさなければ、非難の視線というストレスも回避できる。

## 「背筋を伸ばす」だけで健康になる

自分では若いつもり。ところが、電車で席を譲られるなど、「年寄り扱いされちゃったよ」と嘆く人がいる。表情や体型を若々しく保っているつもりでも、はたの目は年齢をちゃんと見抜く。そのポイントが実は姿勢であることが多いものだ。

年齢とともに、どうしても肩がちょっと落ち、背が丸くなってくる。これは、次第に背筋などの筋肉が衰えてくるためである。

街を歩いているときなど、**ショーウインドウなどに自分の姿が映ったら、すばやく姿勢をチェックする**といい。

「我ながら、いい姿勢だなあ」と思える人はめったにいないはず。たいていの人は自分でも驚くくらい背中が丸く、年齢があらわになっている。あるいは、年齢以上に老けて見える人もいるだろう。

姿勢が悪いと老けて見えるだけでなく、肺が圧迫されるので、呼吸が浅くなり、酸素を十分取り入れられなくなっていく。こうした状態を続けていると、**酸素不足のために脳の働きも低下してしまう**のである。

正しい姿勢を保つことは、健康上も非常に大事なことだと自覚していただきたい。

もし、背中が丸くなっているなと気づいたら、意識的に背筋をスッと伸ばし、肩を引き、胸を広げるようにしてみよう。日に何度でも、気がついたらスッと伸ばす。これを繰り返している間に、次第に正しい姿勢が身についてくるはずだ。

姿勢は自分ではなかなかチェックしにくいものだ。配偶者や親しい仲間など、しょっち

ゅう顔を合わせる人に、「お互いに、姿勢が悪かったら、注意し合おうね」と話しておくのもいいだろう。「あ、背中が丸いな」「いけない、いけない」という具合に、いつも相手の姿勢に気をつけていれば、お互いにいつまでも若々しく、健やかに過ごせるのではないだろうか。

背筋を伸ばしたとき、視線を少し上げてみることもおすすめだ。**人は視線を三〇度上げると、考え方が前向きになる**といわれている。反対に下を見ていると、考え方まで下向きに沈んでいってしまうのである。

これは、気分が沈みそうになったら背筋を伸ばし、視線を上げ、気分を明るく引きたてるというようにも応用できる。

## 気持ちが沈んだときは「腹式呼吸」

「お腹から息を吸ったり、吐いたりするといいですよ」

私は、診察で訪れる人にこう話しかけている。なかには、「呼吸は胸でするものでしょ?」とけげんな顔をする人もいる。呼吸を受け持つ肺が胸郭内にあるからそう思うのだろう。

肺は空気中から酸素を取り入れ、老廃物である二酸化炭素を空気中に排出する作用を受け持っているが、この呼吸作用を行なうとき、肺がふくらんだり縮んだりするのに必要な筋肉は肺自体にはないのである。

代わりに、横隔膜や肋間筋を使って胸腔を開く。すると、胸腔内の圧力が低くなり、肺がふくらむ。反対に縮むときは筋肉は使われず、肺自体が縮み、空気を排出する。これが呼吸のメカニズムである。

ラジオ体操で行なう深呼吸は胸式呼吸だが、お腹から息を吸う腹式呼吸のほうがもっと深い呼吸で、胸式呼吸の三倍以上の酸素を取り込むことができるという説もあるほどだ。また、**精神安定、脳の活性化など、心身の状態をコントロールしやすい**などのメリットも多い。

一般に、特に女性は胸式呼吸が多いので、次の方法で腹式呼吸をマスターし、毎日、一〇~二〇分、腹式呼吸を行なう習慣をつけると緊張がほぐれ、リラックス効果を得られるようになる。

◆腹式呼吸のやり方

①仰向けになるか、座禅をイメージしてゆったりとした姿勢で座る。初めのうちはお腹に軽く手をあてて、呼吸のたびにお腹が出たり引っ込んだりしているか、確認しながらやるといい。

②最初に、大きく息を吐く。時間をかけて、お腹の底から空気を押し出すようなイメージで吐ききるようにする。このとき、お腹はだんだんへこんでいく。

③息を吐ききると自然に息を吸うものだが、初めのうちは意識して、ゆっくり吸うようにする。このとき、お腹はふくらむ感じがある。

④再び、息を吐く。吸ったときの二倍以上の時間をかけるつもりで、長～く、ゆっくり吐いていく。

以上のコースを繰り返す。

立ちくらみや、めまいがあるというときも、腹式呼吸をすると症状が軽くなることがある。もちろん、その後、専門医を訪れ、原因を明らかにして対応しなければいけないが、とっさに症状を軽くすることで不安を抑えられるのはありがたい。

イライラしたり、不安になったり、気持ちが沈みがちなときも、腹式呼吸を行なうと気持ちが安らぐことが多い。こうしたときには、**呼吸しながら悪いエネルギーを吐き出し、よいエネルギーを取り入れ、全身にゆきわたらせていく**というイメージを持ってすると、いっそう効果が上がるようだ。

# 第6章

## 誰でも今からできる！
## もう「悩まない、怒らない」方法

## 一冊のノートで「人生の棚おろし」をする

学生時代以来だから、何十年ぶりになるだろうか。思いがけない友人から突然、電話があった。

「思うところあって、自分史を書いているんだ。そしたら、急にお前が懐かしくなってね……。学生時代はずいぶんいろんなことを話したものなあ」

いつしか、年賀状のやりとりをするだけの間柄になってしまっていたが、近々、飲む約束をして、いまからちょっとワクワクしている。

五〇歳の誕生日、還暦、定年退職など、人生の節目を迎える年齢になったら、この機会に「それまでの人生の棚おろし」をしてみるといいと思う。忘れていた若い日の夢、最近は縁遠くなってしまった趣味、多忙にまぎれて久しく会っていない友。これまでのさまざまなことが思い出されるとともに、これからの生き方について、あらためて**自分の本音を引き出すことができる**からだ。

自分史を書くというと大ごとのように思う人がいるかもしれない。それなら、いちばん手軽に「人生の棚おろし」ができるのはエンディング・ノートではないだろうか。

実際、五〇歳の誕生日を迎えた記念に、あらためて自分の人生を振り返りたいと考えてエンディング・ノートを書いた知り合いがいる。そして、こんな感想をもらした。

「自分でも意外だったのは、エンディング・ノートを書いているうちにいろんな人の顔が浮かんできて、これまでいかにたくさんの人に支えられて生きてきたのかを実感したことだった。それまで、自分の人生なんかとむしろ不満だったんだが、いまでは、自分は本当に幸せ者だと思っている」

エンディング・ノート＝遺言書だと受け止める人もいて、なかには「縁起でもない」と目を三角にする人までいる。だが、仮に遺言書と同じようなものだとしても、一寸先のことは誰にもわからないのだから、中高年になったら、万一、自分がどうにかなったときの希望や後のことについて書き遺しておく必要

があるのではないだろうか。

遺言書よりもエンディング・ノートをおすすめするのは、遺言書というと、どうしても財産の処分など事務的な内容が主になるが、**エンディング・ノートのほうは人生の来し方、行く末への思いをめぐらせやすい**方式になっているからだ。いわば、人生の棚おろし書のようなものだとイメージすればいい。第4章で「人生節目の大片づけ」をおすすめしたが、エンディング・ノートは心の整理、大そうじだと言ってもいいかもしれない。

エンディング・ノートは書店や大きな文具店で購入できるし、インターネットからダウンロードして使うこともできる。決まった書式ではないので、市販のノートを利用して、自分なりに構成したものでもかまわない。

ただ、自分以外の人が見ることを前提にして、冒頭に目次をつけるなど、誰が見てもわかりやすいものにしておくというような配慮は必要だと思う。

また、エンディング・ノートは「万一の事態」になったときに人が読んでくれなければ意味がない。ふだんから、「万一のときには、これを読んでほしい」と身内の人などに話しておき、リビングルームのサイドボードの引き出しなど、わかりやすいところに置いておくようにしよう。

間違っても、貸金庫のなかになど入れておかないこと。貸金庫は契約者でなければ開けられないことになっていて、「まさかのとき」には、誰も見ることができなくなってしまうのである。

## 「エンディング・ノート」に書いておきたいこと

一般にエンディング・ノートは、①**ちょっとした自分史**、②**所有財産の一覧**、③**万が一のとき、どうしてほしいかの希望**、④**葬儀やお墓についての希望**、などで構成されている。

①人生を振り返るとともに、配偶者、家族、親族、友人・知人に対する思い出や感謝の言葉なども書いておくといい。友人・知人の住所や電話番号など、連絡先のリストも書いておく。

②所有財産といっても貯金や不動産だけでなく、これまで好きで集めてきたものなどをどうしてほしいかも書いておく。趣味のコレクションなら、同じ趣味仲間に送れば値千金だろう。施設や団体に寄付したい場合はあらかじめ寄付先の目安をつけ、連絡先なども明記しておくようにしたい。

③万が一のときの希望とは、事故や病気などで自分で意思表明ができないような状態になったときのために、延命治療を希望するかどうか、認知症になったら、どのような介護を望むのかということなどについて、自分の希望を明確に示しておく。

④葬儀や墓は残された家族など生きている人のためのものだといわれるが、自分の希望をはっきり書き遺しておけば、自分が望むような形で人生を締めくくることもできる。葬儀やお別れ会に使ってほしい写真を選んでおいたり、自分の死を知らせてほしい人のリストも用意しておけば万全だろう。

よく「葬式代くらいは残しておきたい」と言う人がいるが、実際、葬儀や墓にもお金の問題はついてまわる。できれば、自分が希望する葬儀などに必要なお金は用意しておき、そのための預金通帳・印鑑などがどこにあるかも書いておきたい。自然葬を希望する場合なら、生前にそうした組織に申し込みをしておくといいだろう。

## 「欲張り過ぎない」ようにブレーキを

エンディング・ノートを書くことなどを通じて、過去の自分、いまの自分が見えてくる。この**ありのままの自分をそのまま自然に受け止める**。これがもっとも穏やかで、機嫌よく年齢を重ねていく秘訣と言えるのではないだろうか。そして、その自分を好きになり、愛することだ。

だいたい、日本人は自分に厳し過ぎる傾向がある。もし、自分はダメなところだらけだとしたら、そんな自分を、せめて自分くらいは好きになってやらなければ。

そうはいっても、正直なところ「まあ、もうちょっとよい人生でありたかったなあ」と思う人もいるかもしれない。だが、何ごとも「腹八分」。望んだ形の二割引きくらいがほどよいところだと考えるようにすれば、「これでよし」となるではないか。

いや、実際、腹八分はいちばん心地よい加減なのである。**一〇〇%を求めると、常に目いっぱいの力を発揮しなければならなくなる。**そして、人間はどこまでいってもけっして「これで満足」ということを知らない生き物だから、その先も「もっと、もっと」とがんばり続けなければならない気持ちになっていく。

そろそろ老いが近づいてきたら、そうした思いはむしろ抑えて、過重な負荷をかけ過ぎないほうがいい。

老後の心得で大切なのは、いま自分の手の内にあるもので満足できる、そうした考え方、感じ方を自分のものにしておくことだと思う。平たく言えば、「もう、そんなにがんばらなくていい」と、自分にささやきかけてもいいと思うのだ。

いくつになっても向上心や上昇欲求を持つことを否定するわけではないが、むしろ欲張り過ぎないように、自分にブレーキをかける。その程合いを心得ているぐらいのほうが、気持ちに負担はかからない。やりたいことが山ほどあっても腹八分に絞り込み、一つ一つをゆったり楽しむ。そう、考えるようにしていきたい。

最近、あちこちでよく見かける、元気でやる気まんまんの高齢者は、それはそれで立派だと思う気持ちはゼロではないが、あまりムリはしないように。何より、これを大事な心得にしていこう。

九〇歳という長寿をまっとうされた斎藤茂太氏によれば、七〇代、八〇代とさらに年齢を重ねていくにつれて、**腹七分、腹六分と少しずつ引き算していく**ことが、老いを楽しく、豊かに過ごす秘訣なのだそうだ。

引き算しながら、より豊かになっていく。これは、老練の極みの技と言えるかもしれない。これからは、そんな極みの技を磨いていこう。

## 一日一回、お腹の底から「大笑いする」

孫のお供で、お笑いライブについていって以来、すっかりお笑いにはまってしまった先輩がいる。

「いやあ、腹の底から、自分でも驚くぐらい大きな声を出して笑えるんだ。帰りには、すっかり上機嫌になっていて、酒もうまいんだよ」と電話の声まで明るい。

あとでお孫さんにこっそり聞くと、最近、ちょっと元気がなくなってきたおじいちゃんを心配して、気を利かせてお笑いライブに誘ったのだそうだ。もっとも、おじいちゃんと一緒なら、「ライブのチケット料金は払ってもらえるし、おいしいご飯もおごってもらえる。上機嫌になって、ゲームソフトなどを買ってくれることもある」とお孫さんのほうにも、ひそかに期待していることはあるようだが。

きっかけはなんでもいい。笑うことの快感にすっかり魅了されてしまった先輩は、いまではひとりでもよくお笑いライブに出かけるようになっている。さらには寄席にも足を延ばし、落語や漫才も楽しんでいる。

先輩の電話の声が変わったことからもわかるように、笑う習慣は性格が変わったのかと思えるほど、毎日を元気に明るくしてくれる。実際、**笑うと免疫力が高まる**ことも科学的に証明されている。

笑って明るく上機嫌になると、NK（ナチュラルキラー）細胞の働きが活発になる。NK細胞は、特に腫瘍細胞やウイルス感染細胞を撃退する力にすぐれている。インフルエンザが流行っているときなどにも、笑いの多い人は感染をまぬがれる可能性が高くなるというわけである。

この先輩は三世代同居でにぎやかに暮らしているが、ひとり老後だったりすると、どうしても喜怒哀楽の感情が希薄になってしまう傾向がある。テレビで芸人たちが面白おかしいことを言ったり、やったりしてみせても、クスリと笑う程度の反応をすればいいくらいかもしれない。だが、お笑いライブや寄席ならば、まわりがどっと笑うので、つられてこちらまで大きな声で笑えるのだ。

日本には、落語や漫才のほかに、狂言という笑いを主題にした伝統芸能もある。こうした芸能にも触れて、昔から笑いを愛してきた国民性をよみがえらせていくのも楽しい。

「ウァッハハハ！」と腹の底から声を出して笑えるようになると、自宅でテレビを見ているときなども、「ウァッハハハ！」と笑えるようになっていく。そのたびにＮＫ細胞の働きが活発になり、さらに心も生き生きと元気

に動き出す。**笑い声の大きさは生命力の強さを示している**と言っても過言ではないくらいだ。

アメリカの作家ノーマン・カズンズは、「笑いは一種の内臓ジョギングである」と言っている。少なくとも一日に一回は大きな声を立てて笑うことを日課にして、「ウァッハハハ!」「ウァッハハハ!」と生きていこう。

## 一日一回、「人を笑わせる」効用

「ウァッハハハ!」と笑えるようになったら、次は一日一回、人を笑わせるという課題にチャレンジすることをおすすめしたい。

お笑い芸人たちは、いつもバカバカしい言動ばかりで、大したことはないと思う人もあるかもしれない。だが、こうした世界に詳しい人に言わせると、観客を笑わせることぐらい難しいことはないのだそうだ。

人を泣かせるにはツボがある。こうしてこうすれば泣くというシナリオはできるそうだが、笑いのツボは人によりさまざま。そのツボのつつき方にもコツがあり、度が過ぎるとしらけるだけだ。お笑い芸人たちは一見バカバカしい言動の陰で、毎日、そのツボを巧みにつつく練習に明けくれているという。

そのすごい技を自分も身につけようというのだから、考えただけでもワクワクしてくる。もちろん、なかには「天然」で、自分は何も意識していないのに、まわりが思わず笑い出すような言動をする人もある。そういう人は、一種の人徳を備えていると思っていればいい。

最初はおやじギャグ、いわゆるダジャレでもかまわない。それでも、人は笑ってしまう。バカバカしいと思いながら、お腹を抱えて笑う。つられて自分も大いに笑う。それで上機嫌になり、免疫力もアップする。

私の経験から言っても、**明るい性格でよく笑う人は、身のこなしも軽く、若々しい**ものだ。笑いによって脳が刺戟《しげき》され、β《ベータ》エンドルフィンが大量に分泌されるからだろう。βエンドルフィンは脳を元気にする脳内ホルモンの一つである。

「笑いは人のためならず」という。人を笑わせているうちに、自分も笑いの恩恵をしっかり受けるようになるわけである。

## 悩みは「ほったらかし」にする

「生きるべきか、死すべきか。それが問題だ」

あまりにも有名なハムレットの台詞である。このとき、ハムレットの年齢はいくつだったか。通説では、三〇歳説が有力。だが、恋人のオフィーリアが一七歳であることや、ハムレットが大学生という設定になっていることから、二〇歳説もある。いずれにしても、まだ若かった。昔から、悩みは若者の特権なのである。

ある程度の年齢になったら、どんな悩みが持ち上がっても、しばらくほったらかしにしておくのがいちばんいい。

これまでの人生経験から、どんな悩みも悩んだからといって、それだけで解決できないことは承知しているはずだと思う。

悩みがあっても、あえて悩まない。考えない。ほったらかしにして、目の前のことを淡々とこなしているうちに、どんなことも**「なるようになっていく」**ものだ。人生は詰まるところ、その連続なのである。

「ほったらかしにしろ」などと言うと、「なんて無責任な」と思う人もいるかもしれない。だが、これは中国のえらい禅師の教えなのだ。

中国禅は、六世紀ごろインドから中国に渡った達磨《だるま》禅師によって開かれた。その達磨から数えて六代目の祖にあたる慧能《えのう》禅師は、「不思善不思悪《ふしぜんふしあく》」という言葉を残している。「**よいことも、悪いことも思わない**」という教えである。

悪いことは思うな、というのはわかる。だが、なぜ、よいことを思うのもいけないのだろう。凡人はそう思う。ところが、慧能はこう諭す。

「よいことを思っていても、つい悪いことも思ってしまうだろう。だから、よいことも悪いことも思わない。これがいちばん気持ちを乱さず、いつも穏やかに暮らす心得なのだ」

たしかに、「いまは絶好調だなあ」と思っても、その直後に「はたしてこの好調はいつまで続くだろうか」などと思ってしまう。こうこうと照る月をむら雲が隠していくように、よい思いも悪い思いに容易に転じてしまうというのである。

とはいっても、何も考えないようにすることは、実は相当に難しい。僧たちでさえ、無念無想の境地に達するためにひたすら座禅をするくらいだ。

だが、凡人には凡人ならではの「何も思わない境地」に達する方法がある。

それは、**ふとんをかぶって寝てしまう**という方法だ。

「いや、寝ようとすればするほど、悩みが浮かんできて眠れない」という声も聞こえてくる。だったら、お酒の助けを借りるのもいいのではないか。お酒は得意ではないという人も、梅酒など果実酒ならば口あたりがよく、のどを通るはずだ。

寝入ってしまえば、無念無想と同じだ。お酒の力もあって、ぐっすり眠れ、翌朝にはウジウジした悩みなどすっかり忘れているものだ。

## すんだことは「忘れる」

「なぜ、あんなバカなことをしてしまったんだろう」とか、「ああ、あんなことを言わなければよかった」と後悔することは多い。

人間が落ち込むのは、だいたいにおいて、しでかしてしまったことの後悔である。

だが、すんでしまったことは、どんなに後悔してもやり直しはきかない。五〇年も六〇年も生きてくれば、再トライが許されるほど人生は甘くないことは、もう骨身にしみて知っている。

それなら、すんだことはきれいさっぱり忘れてしまうのがいちばんいい。

幸いと言うべきか、年をとってくると、だんだん忘れっぽくなってくる。こう言えばネガティブになるが、**忘却力がついてくることは、いらぬ気苦労や後悔をなくすポジティブな力**だと考えればいいのである。

少し前のことになるが、作家の赤瀬川原平さんが『老人力』(ちくま文庫)という本を書かれた。赤瀬川さんはこの本で、物忘れ、繰り言、ため息など、これまでは耄《もう》碌《ろく》だと片づけられてきた現象に、実は大きな力が潜んでいると指摘された。

私もまったく同感だ。特に「忘れること」はそれほど悪いことではない。大事な用事ならメモしておけばいいのだし、固有名詞などが出てこなくなっても、相手も同年輩ならば、「ああ、あの人のことね。私も名前は出てこないけれど、わかるわ」ということになり、話はとどこおりなく通じていく。そんなにシリアスなことではないと考えよう。

何より都合がいいのは、お互いに失礼なことがあったり、至らないことがあっても、次の機会までに忘れてしまえることだ。もし、あなたがこうしたことだけはしっかり覚えているとしても、「忘れたふり」をすればいい。この心遣いで、すべては水に流されてしまい、トラブルは起きにくくなるし、起きたとしても後を引かない。

「多くの忘却なくしては、人生は暮らしていけない」

フランスの作家バルザックはこんな至言を残している。

「もう、そのことは気にしないでください」という場合、「ご放念ください」ということがある。年をとったら、この「**放念**」が自然にできる。あるいは、ごく自然に見える印象でできるということだ。

もちろん、なんでもかんでも忘れればいいというものでもない。忘れては困る約束や決まりごとすら忘れてしまうことが増えてくるのも、老後の特徴だ。だが、それだって悩む必要などまったくない。

忘れては困ることはこまめにメモすればいい。「あれはどうだっただろう」と思ったことは、すぐその場で確認する。このこまめさは忘れないようにしよう。

人名や地名なども忘れたままだと、ノドに魚の骨でも刺さったように気になることがある。そうした場合は、もらった名刺を取り出して名前を確認したり、地図を開いたり、インターネット検索などで確認し、できれば口に出して言ってみると、次からは忘れにくくなるはずだ。

友人は、リビングのテーブルにはメモ用紙をいつも置いてある。あれを買おうと思いついたこと、テレビで見たこと、ちらっと思いついたことなど、なんでもいったんメモをする。そして、出かける前などにそのメモにさっと目を通す。たったこれだけのことで、買い忘れはかなり減ってきたそうだ。

それから、ちょっと忘れやすくなると「ボケた」とか「認知症の始まりだわ」と冗談半分に言うことはやめたほうがいい。**忘却は加齢にともなう自然現象、認知症は脳に起こる病的な変化**である。冗談ですませていると、本当の認知症の兆しを見逃しかねない。

認知症も早期発見がいちばんの対策だ。最近は、早期のうちなら進行を遅らせることができる薬も出ている。「それにしてもおかしい」と思うことがあったら、早めに対策を講じるようにしよう。

## 「ありがとう力」で幸せを呼び込む

五〇歳前後では、一般に、孫はまだ少し待たなければならないだろうが、孫の誕生は人生における大きな喜びの一つだと思う。

生まれて間もない赤子を見て、「見て、見て、こんな小さくても指も爪もちゃんと一人前なのよ。奇跡みたい」と言った新米ママがいたが、私もしみじみそう思う。

だが、生まれたときは目も見えず、何もできなかった赤ん坊もみるみる成長していき、言葉を発するようになると、最初に教えられるのが「あんがと」、つまり人に感謝をすることだ。

人は生まれたその瞬間から、死の瞬間まで、自分ひとりの力だけで生きることはできないのだ。人生を支えてくれたさまざまな人に、**その都度、ていねいに心を込めて「ありがとう」「ありがとうございます」と感謝の思いを言葉で伝える。**これをちゃんと行なっていれば、それだけで幸せになれる。そう断言してもいいくらいだ。

ところが、成長するにつれて、こんなに大切なことをおろそかにしている人も少なくないのだから、理解に苦しむことがある。特に身近な人に対して、つい感謝の言葉を惜しんでいないだろうか。

知人は、夫が慣れない手つきで手伝ってくれても、まず、口に出るのは感謝ではなく、文句になる。そこを、幼稚園に通う孫に「ばあば、じいじにありがとうって言わなくっちゃ」と注意されてしまった、と苦笑いしていた。まさに、孫に一本、取られた形である。

感謝は、人に対してだけではない。これは別の知人だが、「最近はなんでも、心底、ありがたいと思えるのよ」と言う人がいる。ごく平凡に生きてきて、いまは定年間近の夫とつつましやかに、穏やかな日々を送っている。

そんな彼女だが、口を開けば、「私も主人

もいまのところ、健康で、痛いところが一つもないんですもの、ありがたいわ」と語る。空が晴れていれば「いいお天気ねぇ。日差しがあるとポカポカ暖かくてありがたいわ」となるし、風が吹けば「ああ、いい風、気持ちがいいわ。天然のクーラーだわね、ありがたいわ」となる。

このように、**身のまわりのこと、起こることの一つ一つに感謝できる**、そんな人を、私は「ありがとう力の達人」と呼んでいる。ありがとう力の達人になると、まず何より自分が幸せになる。そして、ことあるごとに、まわりの人に「ありがとうございます」と口にするので、そう言われた人も幸せになっていく。

「人から言われていちばんうれしい言葉は?」という調査で、ダントツいちばんに輝いた言葉は「ありがとう」なのである。「ありがとう」は言われて幸せになるだけではない。それ以上に幸せになるのは、言った当人なのである。

次第に年齢を重ねていくと、人の助けや支えがあって、今日までやってこられたのだと、ますます身にしみて感じられるようになっていく。そう感じたら、その思いを素直に、ストレートに「ありがとう」と口に出して言うようにしよう。

どんな小さなことにも「ありがとう」を忘れない。食卓に並んだご飯にも「ありがとう」、今日一日、無事に過ごせたことにはさらに大きく深い「ありがとう」を誰に向かってということもなく、でも、しっかりと口にする。

**口にした「ありがとう」の数だけ、老後の幸せは深まっていく**と私は信じている。

## 「明日やること」を何か一つ、決めて寝る

若いころのような高揚と感激が次々起こるようなことは、もうこれからはないと思っていたほうがいい。第一、そんなにテンションが高い日々は、正直なところ、もういい。ある程度の年齢になったら、毎日はゆるやかなうねり程度の起伏があれば十分ではないだろうか。

そうはいっても、あまりに淡々と日々が過ぎるだけではちょっと物足りない。人間はつくづく、わがままな生き物なのだ。現役ならば、まだ、毎日しなければならないことに追われるだろうから、それを確実にクリアしていけばいい。だが、退職し、あるいはひとり老後になったりすると、はっきり言えば、「しなくてはならないこと」

は次第に少なくなっていく。そんな毎日にピリッとしたスパイスになるのが、**「明日はこれをやろう」という自分だけの予定を持つ**ことだ。

予定といっても、「博物館に行って○○展を見る」とか「病院で検査」というような、ちゃんとした予定である必要はない。なんとなく、そろそろあじさいが咲くころだと思ったら、「あじさい寺の開花状況を調べてみる」とか、「明日は××亭で新そばでも食べようか」というような、曖昧な予定でもいい。

とにかく、寝る前に、明日やることを一つでいいから決めておく。たったこれだけのことで、もう、気持ちは明日に向かっていくのである。

だから、目が覚めたときも「そうだ、今日はあれをやるんだった。今日もいい一日になるぞ」と元気に跳ね起きるようになる。朝、元気に起き上がれば、あとは自然にその日一日はきっと気持ちよく、生き生きとした楽しい一日になるはずなのだ。

そして、夜になったら、また、明日やることを一つ決めてから寝る。翌朝、起きるのが楽しみであることほど、幸せなことはないと思う。

幸福な人生をつくっていくとは、あんがい、こうした一見ささいに見えることの積み重ねなのである。

## 「運命を受け入れる」心地よさを知る

長岡輝子さんは一〇二歳の人生を、最後の最後まで現役女優として生きた人だ。晩年は朗読に力を注ぎ、特に出身地・岩手の方言で読む宮沢賢治の詩や小説には、他の人では絶対に及ばない独特の世界を切りひらいてみせていた。

こうした人生にふれるたびに、人が生きることはなんとすばらしいのだろうと思えてくる。そして、**自分にもまだ、人生のすばらしさに迫っていく、十分な時間が与えられている**ことを深く思いに刻み込む。

その長岡さんは晩年、次の詩をよく朗読された。ご紹介しよう。

「最上のわざ」

この世の最上のわざは何?

楽しい心で年をとり、

働きたいけれども休み、
しゃべりたいけれども黙り、
失望しそうなときに希望し、
従順に、平静に、おのれの十字架をになう。

若者が元気いっぱいで神の道を歩むのを見ても、ねたまず、
人のために働くよりも、
謙虚に人の世話になり、
弱って、もはや人のために役だたずとも、
親切で柔和であること。

老いの重荷は神の賜物、
古びた心に、これで最後のみがきをかける。
まことのふるさとへ行くために。
おのれをこの世につなぐくさりを少しずつはずしていくのは、
真にえらい仕事。

こうして何もできなくなれば、
それを謙虚に承諾するのだ。
神は最後にいちばんよい仕事を残してくださる。
それは祈りだ。
手は何もできない。
けれども最後まで合掌できる。
愛するすべての人のうえに、神の恵みを求めるために。
すべてをなし終えたら、
臨終の床に神の声をきくだろう。
「来よ　我が友よ、われなんじを見捨てじ」と。

これは、東京イグナチオ教会の主任を務めたイエズス会のヘルマン・ホイヴェルス神父が『人生の秋に』(春秋社刊)という書のなかで、「南ドイツでひとりの友人からこんな詩をもらった」と紹介している詩だ。

私の場合、病院で毎日、生と死を身近に見ているためだろうか、目に見えない偉大な存在をふっと感じることがある。

この詩で私の心が特に感応するのは「**老いの重荷は神の賜物**」という一節だ。これまでの人生はけっして楽しいこと、ハッピーなことだけで織りなされてきたわけではなかったはずだ。だからこそ、偉大な存在は、人生の最後に老後という、最高に美しく、楽しく、幸せな日々を与えてくれたのではないだろうか。

老後の日々をひたすら楽しんで生きていこう。老後を楽しめなかったら、何のために若い日々を生きてきたのか、その意味までわからなくなってしまうのではないか。

もちろん、老後にも重い荷物を背負わなければならない日もあるかもしれない。だが、一日一日を大切にいとおしみ、せいいっぱい楽しんで生きていけば、あとは運命を心穏やかに受け入れ、あるがままに生きていけばいいと思えてくる。

心を楽しさで満たし、運命を心地よく受け入れる。そうした境地で生きていれば、人生はいつでも、どんな場合でも、「幸せ」そのものであるはずだ。

## 参考文献


①『笑って「老い」を楽しもう』（渋谷昌三／ぶんか社）
②『江戸　老いの文化』（立川昭二／筑摩書房）
③『日本人なら身につけたい 江戸の「粋」』（植月真澄／河出書房新社）
④『老いてますます楽し・貝原益軒の極意』（山崎光夫／新潮社）
⑤『達人の老い方』（白石浩一／海竜社）
⑥『老いを見つめる言葉』（嶋岡晨／海竜社）

本作品は当文庫のための書き下ろしです。

**保坂 隆**（ほさか・たかし）

聖路加国際病院精神腫瘍科医長、聖路加看護大学大学院臨床教授。日本サイコオンコロジー学会理事、日本ヘルスサポート学会理事、日本スポーツ精神医学会理事。日本医師会認定産業医。日本体育協会認定スポーツ医。

1952年山梨県生まれ。慶應義塾大学医学部卒業後、同大学精神神経科入局。1990年より2年間、米国カリフォルニア大学精神科へ留学。東海大学医学部教授（精神医学）を経て現職に。

著書には『精神科医が教える 心の疲れがたまったときに読む本』（編書、だいわ文庫）、『「プチ・ストレス」にさよならする本』（監修、PHP研究所）、『「頭がいい人」は脳をどう鍛えたか』（編著、中公新書ラクレ）、『「ひとり老後」の楽しみ方』（監修、経済界）、『老いを愉しむ言葉』（編著、朝日新書）などがある。

ホームページ
http://hosaka-liaison.jp/

精神科《せいしんか》医《い》が教《おし》える
50歳《さい》からの人生《じんせい》を楽《たの》しむ老後術《ろうごじゅつ》

編著 保坂《ほさか》隆《たかし》



二〇一一年六月一五日第一刷発行
二〇一六年一月五日第二六刷発行

発行者 佐藤 靖
発行所 大和《だいわ》書房
東京都文京区関口一―三三―四 〒一一二―〇〇一四
電話 〇三―三二〇三―四五一一

装幀者 鈴木成一デザイン室
本文デザイン 菊地達也事務所
本文イラスト 福々ちえ
編集協力 幸運社、菅原佳子
本文印刷 信毎書籍印刷 カバー印刷 山一印刷
製本 ナショナル製本

ISBN978-4-479-30340-4
乱丁本・落丁本はお取り替えいたします。
http://www.daiwashobo.co.jp